頭にしみこむ
＼メモリータイム！／

# 寝《ね》る前5分
# 暗《あん》記《き》ブック

小3



Gakken

# もくじ

## ★理科



毎日ちょっとずつ
でいいんだよ。

## ★社会

## ★国語 ※国語は後ろがわから始まります。

# この本の特長《とくちょう》と使《つか》い方

## ★この本の特長

### 暗記《あんき》にぴったりな時間「寝《ね》る前」で，効率《こうりつ》よく暗記！

この本は，「寝る前の暗記が記憶《きおく》の定着《ていちゃく》をうながす」というメソッドをもとにして，小3の重要《じゅうよう》なところだけを集《あつ》めた参考書《さんこうしょ》です。

暗記にぴったりな時間を上手に活用して，小3の重要ポイントを効率よくおぼえましょう。

## ★この本の使い方

この本は，1項目《こうもく》2ページの構成《こうせい》になっていて，5分間で手軽《てがる》に読めるようにまとめてあります。赤フィルターを使《つか》って，赤文字の要点《ようてん》をチェックしてみましょう。

①

②

① 1ページ目の「今夜おぼえること」では，その項目の重要ポイントを，語呂合《ごろあ》わせや図でわかりやすくまとめてあります。

② 2ページ目の「今夜のおさらい」では，1ページ目の内容《ないよう》をやさしい文章《ぶんしょう》でくわしく説明《せつめい》しています。読み終《お》えたら，「寝る前にもう一《いち》度《ど》」で重要ポイントをもう一度確《かく》認《にん》しましょう。

# 1. アルファベット A～D・a～d

□ 月 日
□ 月 日

## ★今夜おぼえること

Aa Bb Cc Dd Ee Ff Gg Hh Ii Jj Kk Ll Mm
Nn Oo Pp Qq Rr Ss Tt Uu Vv Ww Xx Yy Zz

## A a【エイ】

apple《エアポウ》 りんご

ant《エアント》 あり

## B b【ビー】

book《ブック》 本

boy《ボーイ》 男の子

## C c【スィー】

cat《キャット》
ねこ

car《カーァ》 車

## D d【ディー】

dog《ドーグ》
犬

dance《デァンス》 ダンス

アルファベットは全部《ぜんぶ》で26文字。大文字（A～Z）と小文字（a～z）があるよ。

## ★今夜のおさらい

### ☆ 正しい順《じゅん》にアルファベットを入れよう。

大文字　A → B → C → D

小文字　a → b → c → d

「今夜おぼえること」の上部にあるアルファベットの，それぞれの左《ひだり》側《がわ》が大文字，右《みぎ》側《がわ》が小文字だよ。

### ☽ 正しく小文字で表《あらわ》しているほうを選《えら》ぼう。

（男の子）

doy ・ **boy**

ⓘ B の小文字の形に注意《ちゅうい》。

（犬）

bog ・ **dog**

ⓘ D の小文字の形に注意。

（車）

**car** ・ cdr

ⓘ A の小文字の形に注意。

# 2. アルファベット E～H・e～h

□ 月 日
□ 月 日

## ★今夜おぼえること

Aa Bb Cc Dd **Ee Ff Gg Hh** Ii Jj Kk Ll Mm
Nn Oo Pp Qq Rr Ss Tt Uu Vv Ww Xx Yy Zz



## Ee【イー】

**eye**《アイ》 目

**egg**《エグ》 たまご

## Ff【エフ】

**father**《ファーザァ》 父

**fish**《フィシュ》 魚

## Gg【ヂー】

**girl**《ガ～ゥ》 女の子

**guitar**《ギターァ》 ギター

## Hh【エイチ】

**hat**《ヘアト》 ぼうし

**happy**《ヘアピ》 うれしい

## ★今夜のおさらい

### 正しい順《じゅん》にアルファベットを入れよう。

大文字　D → E → F → G → H

小文字　d → e → f → g → h

### 大文字を小文字にしよう。

EGG → e g g
(たまご)

FISH → f is h
(魚)

HAT → h at
(ぼうし)

英語

## ★今夜おぼえること

Aa Bb Cc Dd Ee Ff Gg Hh **Ii Jj Kk Ll** Mm
Nn Oo Pp Qq Rr Ss Tt Uu Vv Ww Xx Yy Zz

## I i 【アイ】

ice《アイス》 cream《クリーム》
アイスクリーム

Internet《インタネト》 インターネット

## J j 【ヂェイ】

juice《ヂュース》
ジュース

jeans《ヂーンズ》 ジーンズ

## K k 【ケイ】

koala《コウアーラ》 コアラ

key《キー》 かぎ

## L l 【エル】

lion《ライアン》 ライオン

lunch《ランチ》 昼食

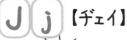

## ★今夜のおさらい

### 正しい順《じゅん》にアルファベットを入れよう。

大文字　H → I → J → K → L

小文字　h → i → j → k → l

### 大文字を小文字にしよう。

JUICE → j u i ce
（ジュース）

KOALA → k oa l a
（コアラ）

LION → l i on
（ライオン）

## ★今夜おぼえること

Aa Bb Cc Dd Ee Ff Gg Hh Ii Jj Kk Ll **Mm**
**Nn Oo Pp** Qq Rr Ss Tt Uu Vv Ww Xx Yy Zz

## Mm【エム】

## Nn【エン】

notebook《ノウトブク》
ノート

name《ネイム》 名前

## Oo【オウ】

orange《オーリンヂ》
オレンジ

octopus《アクトパス》 たこ

## Pp【ピー】

panda《ペァンダ》
パンダ

piano《ピエァノウ》 ピアノ

## ★今夜のおさらい

### 正しい順《じゅん》にアルファベットを入れよう。

大文字　L → M → N → O → P

小文字　l → m → n → o → p

### 正しく小文字で表《あらわ》しているほうを選《えら》ぼう。

（月）

**moon**（○）・ noom

？MとNの小文字の形に注意《ちゅうい》。

（名前）

mane ・ **name**（○）

？MとNの小文字の形に注意。

（パンダ）

qanda ・ **panda**（○）

？Pの小文字の形に注意。

## ★今夜おぼえること

Aa Bb Cc Dd Ee Ff Gg Hh Ii Jj Kk Ll Mm
Nn Oo Pp **Qq Rr Ss Tt Uu** Vv Ww Xx Yy Zz

**Q q**
【キュー】

queen《クウィーン》
女王

quiz《クウィズ》
クイズ

**R r**
【ア～】

robot《ロウバト》
ロボット

rice《ライス》
米，ごはん

**S s**
【エス】

star《スターァ》
星

sad《セアド》
悲《かな》しい

**T t**
【ティー】

tomato《トメイトウ》
トマト

tennis《テニス》
テニス

**U u**
【ユー】

umbrella《アンブレラ》
かさ

uniform《ユーニフォーム》
制服《せいふく》

## ★今夜のおさらい

正しい順《じゅん》にアルファベットを入れよう。

大文字　P → Q → R → S → T → U

小文字　p → q → r → s → t → u

大文字を小文字にしよう。

QUEEN → q u een
（女王）

ROBOT → r obo t
（ロボット）

TENNIS → t enni s
（テニス）

## ★今夜おぼえること

Aa Bb Cc Dd Ee Ff Gg Hh Ii Jj Kk Ll Mm
Nn Oo Pp Qq Rr Ss Tt Uu **Vv Ww Xx Yy Zz**

**V v**
【ヴィー】

violin《ヴァイアリン》
バイオリン

vet《ヴェト》
じゅう医師《いし》

**W w**
【ダブリュー】

window《ウィンドウ》
まど

watch《ワーチ》
うで時計《とけい》

**X x**
【エックス】

fox《ファークス》
きつね

box《バークス》
箱《はこ》

**Y y**
【ワイ】

young《ヤング》
若《わか》い

yellow《イエロウ》
黄色

**Z z**
【ズィー】

zoo《ズー》
動物園《どうぶつえん》

zebra《ズィーブラ》
しまうま

## ★今夜のおさらい

### 正しい順《じゅん》にアルファベットを入れよう。

大文字　U → V → W → X → Y → Z

小文字　u → v → w → x → y → z

### 正しく小文字で表しているほうを選《えら》ぼう。

（じゅう医《い》師《し》）

uet ・ vet

ⓘVの小文字の形に注意《ちゅうい》。

（黄色）

yellow ・ vellow

ⓘYの小文字の形に注意。

（しまうま）

sebra ・ zebra

ⓘZの小文字の形に注意。

## ★今夜の単語《たんご》

one《ワン》 1

two《トゥー》 2

three《スリー》 3

four《フォーァ》 4

five《ファーイヴ》 5

six《スイクス》 6

seven《セヴン》 7

eight《エイト》 8

nine《ナーイン》 9

ten《テン》 10

- eleven《イレヴン》 11
- twelve《トウエウヴ》 12
- thirteen《サ〜ティーン》 13
- fourteen《フォーティーン》 14
- fifteen《フィフティーン》 15
- sixteen《スイクスティーン》 16

## ★今夜のおさらい

### 数に合う単語《たんご》を選《えら》ぼう。

four《フォーァ》 ・ five《ファーイヴ》

six《スィクス》 ・ seven《セヴン》

nine《ナーイン》 ・ eight《エイト》

### 計算の答えを英語《えいご》で言おう。

8−7= one《ワン》(1)

2×5= ten《テン》(10)

6÷3= two《トゥー》(2)

15÷5= three《スリー》(3)

1から順番《じゅんばん》に
言えるように
なろう。

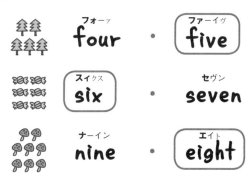

## ★今夜の単語《たんご》

pencil《ペンスゥ》 えんぴつ

ruler《ルーラァ》 じょうぎ

book《ブック》 本

chair《チェアァ》 いす

desk《デスク》 つくえ

eraser《イレイサァ》 消しゴム

notebook《ノウトブク》 ノート

- pen《ペン》 ペン
- clock《クラーク》 時計《とけい》
- calendar《キャレンダァ》 カレンダー
- glue stick《グルー スティク》 のり
- scissors《スィザズ》 はさみ
- crayon《クレイヤン》 クレヨン
- pencil case《ペンスゥ ケイス》 筆箱《ふでばこ》

## ★今夜のおさらい

### イラストに合う単語《たんご》を選《えら》ぼう。

book《ブック》 ・ clock《クラーク》

calendar《キャレンダァ》 ・ notebook《ノウトブク》

crayon《クレイヤン》 ・ desk《デスク》

pencil《ペンスゥ》 ・ scissors《スィザズ》

### アルファベットをならべかえて，イラストに合う単語を完成《かんせい》させよう。

[a, i, c, r, h] ⇒ chair《チェアァ》

[s, a, r, e, r, e] ⇒ eraser《イレイサァ》

[r, l, u, r, e] ⇒ ruler《ルーラァ》

## ★今夜の単語《たんご》

carrot《キャロト》

にんじん

corn《コーン》

とうもろこし

potato《ポテイトウ》

じゃがいも

tomato《トメイトウ》

トマト

apple《エアポウ》

りんご

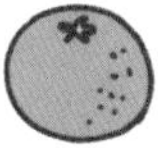

orange《オーリンヂ》

オレンジ

banana《バネァナ》

バナナ

melon《メロン》

メロン

- onion《アニョン》 たまねぎ
- cabbage《キャベヂ》 キャベツ
- pumpkin《パンプキン》 かぼちゃ
- cucumber《キューカンバァ》 きゅうり
- peach《ピーチ》 もも
- grapes《グレイプス》 ぶどう
- kiwi fruit《キーウィフルート》 キウイフルーツ

## ★今夜のおさらい

### イラストに合う単語《たんご》を選《えら》ぼう。

orange《オーリンヂ》 ・ onion《アニョン》

banana《バネァナ》 ・ grapes《グレイプス》

cabbage《キャベヂ》 ・ carrot《キャロト》

### アルファベットをならべかえて，イラストに合う単語を完成《かんせい》させよう。

[c, n, o, r] ⇒ corn《コーン》

[a, o, o, p, t, t] ⇒ potato《ポテイトウ》

[a, e, l, p, p] ⇒ apple《エァポウ》

[e, l , m, n, o] ⇒ melon《メロン》

## ★今夜の単語《たんご》

blue《ブルー》 青

hat《ヘアト》 ぼうし

yellow《イエロウ》 黄

T-shirt《ティーシャ〜ト》 Tシャツ

white《フワーイト》 白

green《グリーン》 緑《みどり》

bag《ベアグ》 かばん

red《レッド》 赤

- black《ブレアク》 黒
- brown《ブラウン》 茶色
- pants《ペアンツ》 ズボン
- shoes《シューズ》 くつ
- pink《ピンク》 ピンク
- purple《パ〜ポウ》 むらさき
- skirt《スカ〜ト》 スカート

## ★今夜のおさらい

### イラストに合う単語《たんご》を選《えら》ぼう。

pants《ペアンツ》 ・ bag《ベアグ》

shoes《シューズ》 ・ hat《ヘアト》

T-shirt《ティーシャ〜ト》 ・ skirt《スカ〜ト》

### 円の色に合う単語になるように、□にアルファベットを入れて、パズルを完成《かんせい》させよう。

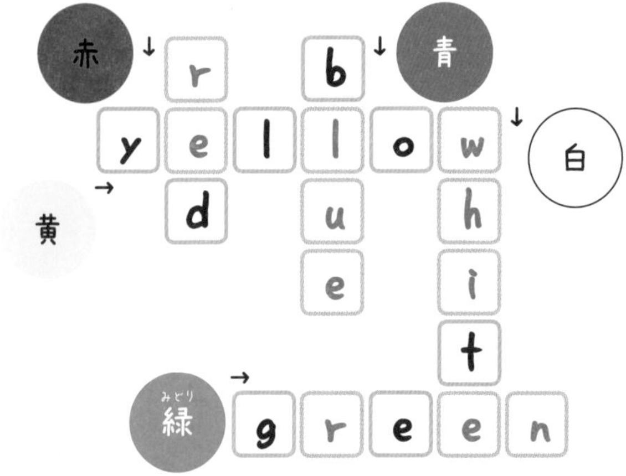

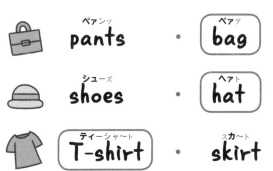

# 1. かけ算　□　月　日　□　月　日

## ★今夜おぼえること

**かけ算は、数を入れかえても、答えは同じ。**

**どんな数に0をかけても、答えは0。0にどんな数をかけても、やっぱり答えは0。**

## ★今夜のおさらい

かけ算は，かけられる数とかける数を入れかえて計算しても，答えは同じになります。

入れかえる

れい　$6 \times 3 = 3 \times 6$

かける数が1ふえると，答えはかけられる数だけ大きくなります。

1ふえる

れい　$6 \times 3 = 6 \times 2$ ＋6 ←かけられる数の6大きくなる

かける数が1へると，答えはかけられる数だけ小さくなります。

1へる

れい　$6 \times 3 = 6 \times 4$ －6 ←かけられる数の6小さくなる

どんな数に0をかけても，答えは0になります。また，0にどんな数をかけても，答えは0になります。

れい　$5 \times 0 = 0$　　$0 \times 8 = 0$

### 寝る前にもう一度

- かけ算は，数を入れかえても，答えは同じ。
- どんな数に0をかけても，答えは0。0にどんな数をかけても，やっぱり答えは0。

★今夜おぼえること

## 時こくの計算，ちょうどの時こくで分ける。

## 1分は60秒《びょう》。

## ★今夜のおさらい

🌟時こくの計算では，ちょうどの 時こく で２つに分けて，答えをもとめます。

れい　2時45分から50分後の時こく

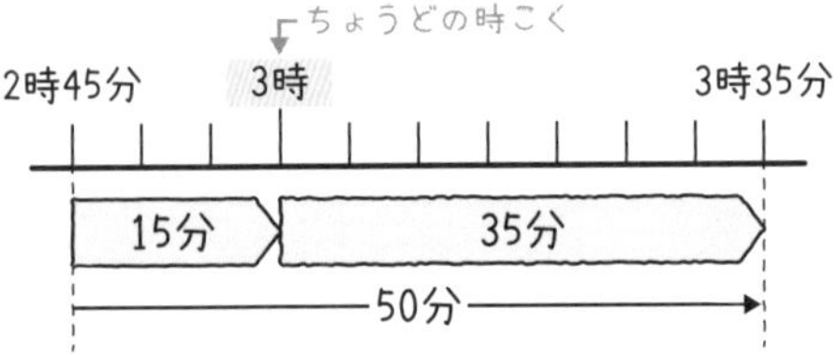


2時45分から15分後は3時。
3時から35分後なので，答えは3時35分。

🌙１分より短《みじか》い時間のたんいに秒《びょう》があります。

１分＝ 60 秒

れい　●2分は1分と1分なので， 120 秒です。
●1分40秒は60秒と40秒で， 100 秒です。
●80秒は，60秒と20秒に分けられるので， 1 分 20 秒です。

寝る前にもう一度

🌟時こくの計算，ちょうどの時こくで分ける。

🌙１分は60秒。

## ★今夜おぼえること

**1km《キロメートル》は1000m。**

**長さの計算，同じたんいの数どうしをたしたり，ひいたり。**

## ★今夜のおさらい

1000m を 1 キロメートルといい，1km《キロメートル》と書きます。

1km = 1000 m

長い道のりなどを表《あらわ》すときの長さのたんいには，km を使《つか》います。

まっすぐにはかった長さを「きょり」，道にそってはかった長さを「道のり」というよ。

長さのたし算やひき算は，km どうし，m どうし，同じ たんい の数を計算します。

れい

1km500m＋800m

＝1km1300m ← 500m＋800m＝1300m 1300m＝1km300m

＝2km300m

6km700m－1km300m

＝ 5 km 400 m ← 6km－1km＝5km 700m－300m＝400m

1km＝1000m
を使って考えるよ。

### 寝る前にもう一度

- 1km は 1000m。
- 長さの計算，同じたんいの数どうしをたしたり，ひいたり。

★今夜おぼえること

## わり算は、わる数のだんの九九で答えさがし。

## 0を0でない数でわると、なんと答えも0。

## ★今夜のおさらい

**わり算の答えは，わる数のだんの［九九］で見つけます。**

わられる数　わる数

れい　⑱ ÷ 6

6のだんの九九
6 × 1 = 6
6 × 2 = 12
6 × 3 = ⑱

同じ数

18 ÷ 6 = ［3］

わる数とは「÷」の次《つぎ》の数だよ。
ここでは6！
6のだんの九九で答えを見つけよう！


**0を，0でないどんな数でわっても，答えは［0］です。**

れい　0 ÷ 6 = ［0］

**また，どんな数を1でわっても答えはわられる数と等《ひと》しくなります。わられる数と同じ数でわると，答えは1になります。**

れい　7 ÷ 1 = ［7］　　4 ÷ 4 = ［1］

### 寝る前にもう一度

- わり算は，わる数のだんの九九で答えさがし。
- 0を0でない数でわると，なんと答えも0。

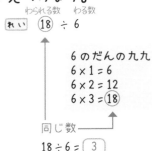

## ★今夜おぼえること

たし算もひき算も，位《くらい》をたてにそろえたら，一の位から，さあ筆算《ひっさん》！

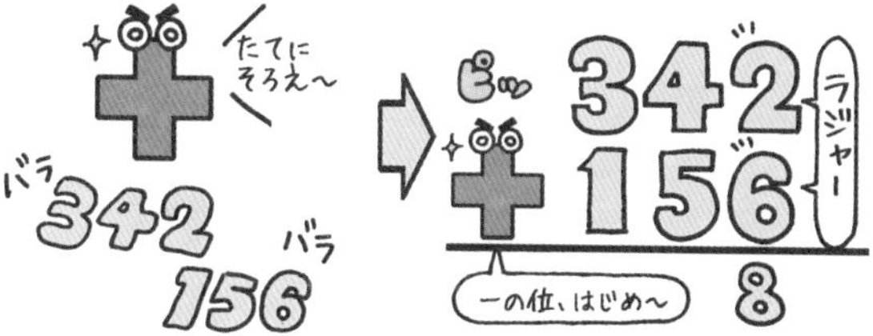


くり上がり，上の位にプレゼント。

くり下がり，上の位からプレゼント。

## ★今夜のおさらい

たし算やひき算の筆算《ひっさん》は，位《くらい》をたてにそろえて，一の位から計算します。

れい

一の位 ➡ 4 + 3 = 7
十の位 ➡ 2 + 2 = 4
百の位 ➡ 3 + 1 = 4

|   | 3 | 2 | 4 |
|---|---|---|---|
| + | 1 | 2 | 3 |
|   | 4 | 4 | 7 |

たし算では，位ごとの計算で10や十いくつになったら，上の位に1くり上げます。ひき算では，同じ位どうしでひけなければ，上の位から1くり下げます。

れい

1 ← 1くり上げる
  2 9 3
+ 6 8 1
  9 7 4

① 3 + 1 = 4
② 9 + 8 = 17
③ 1 + 2 + 6 = 9

6 ← 1くり下げる
  ~~7~~ 2 8
− 5 4 6
  1 8 2

① 8 − 6 = 2
② 12 − 4 = 8
③ 6 − 5 = 1

### 寝る前にもう一度

- たし算もひき算も，位をたてにそろえたら，一の位から，さあ筆算！
- くり上がり，上の位にプレゼント。くり下がり，上の位からプレゼント。

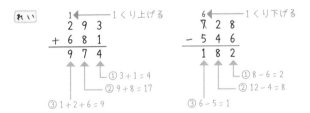

## ★今夜おぼえること

**九九を使《つか》って答えがないとき、ひき算使ってあまり出す。**

**ゴロ合わせ** ワルがかけこんでたすけたら、あまりによわくて、わられた。

ワル（わる数）　かけ（×）　こ（答え）　たす（＋）　あまり（あまり）　わ（＝）　わられた（わられる数）

## ★今夜のおさらい

✪わる数のだんの九九で答えを見つけられないわり算は、**あまり**をひき算でもとめます。あまりがあるときをわりきれないといい、あまりがないときをわりきれるといいます。

れい

27÷6
6×1＝6，6×2＝12，
6×3＝18，6×4＝24 ←27に近い
27－24＝3
➡27÷6＝4あまり3

あまりは，わる数より小さくなるようにしよう。

●わり算の答えが正しいかどうかは、
（**わる数**）×（答え）＋（**あまり**）＝（わられる数）
の式《しき》でたしかめられます。

れい

27÷6＝4あまり3

たしかめ 6×4＋3＝27

### 寝る前にもう一度

✪九九を使《つか》って答えがないとき，ひき算使ってあまり出す。

●ワルがかけこんでたすけたら，あまりによわくて，わられた。

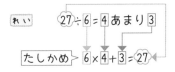

★今夜おぼえること

## 千万が10こで一億《いちおく》。

## 数直線《すうちょくせん》，右にいくほど
## 数大きい。

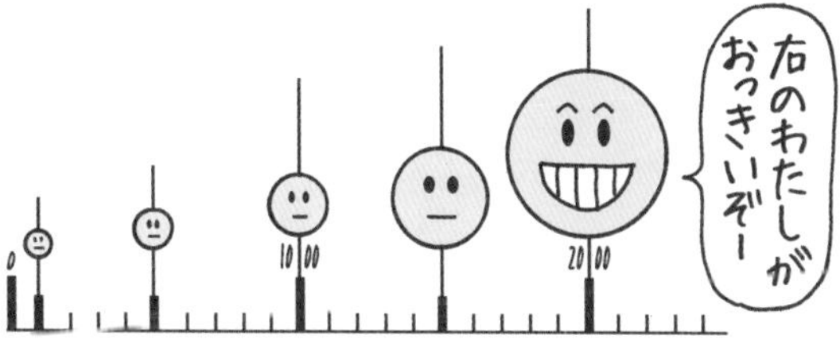

## ★今夜のおさらい

千の位《くらい》の左を，じゅんに，一万の位，十万の位，百万の位，千万の位といいます。

| 千万の位 | 百万の位 | 十万の位 | 一万の位 | 千の位 | 百の位 | 十の位 | 一の位 |
|---|---|---|---|---|---|---|---|
| 2 | 4 | 0 | 8 | 5 | 9 | 0 | 0 |

この数は，「二千四百八万五千九百」と読む。

千万を10こ集《あつ》めた数は 一億《いちおく》 といい，100000000 と書きます。

下のような数の線を，数直線《すうちょくせん》といいます。数直線では，右にいくほど数は 大きく なります。

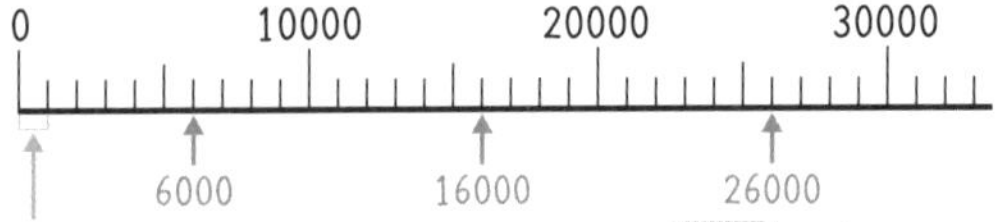

ここではいちばん小さい1めもりが 1000 です。

### 寝る前にもう一度

- 千万が10こで一億。
- 数直線，右にいくほど数大きい。

★今夜おぼえること

かけ算の筆算《ひっさん》、位《くらい》をたてにそろえたら、一の位から九九をする。

くり上げた数、たしわすれない。

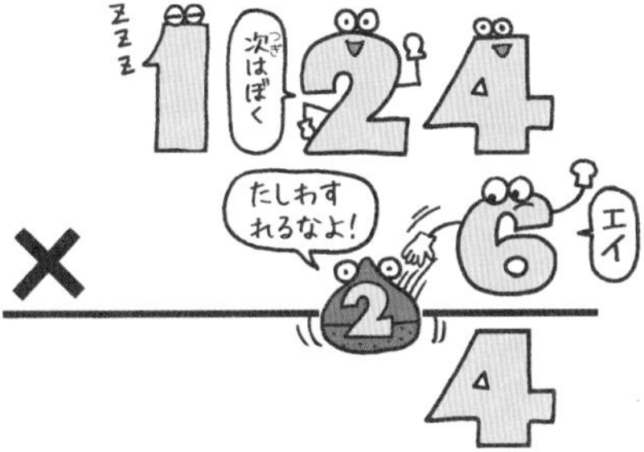

## ★今夜のおさらい

**かけ算の筆算《ひっさん》は，位《くらい》をたてにそろえて書き，一の位から九九で計算します。**

れい

```
   3 2          3 2          3 2
×    3   ➡   ×    3   ➡   ×    3
               ───────────  ─────────
                     6          9 6
```

位をたてにそろえて書く。

三二が6

三三が9

答えも位をそろえて，書こうね。

**かけ算の筆算でくり上げる数があれば，上の位にたします。**

れい

```
   4 8            4 8
×    9     ➡   ×    9
───────        ─────────
    ⁷2          4 3⁷2
```

九八 72

十の位に７くり上げる。

十の位の計算は，くり上げた７をたす。

36＋7＝43

かけられる数が３けたになっても，筆算のしかたは同じだよ！

### 寝る前にもう一度

- かけ算の筆算，位をたてにそろえたら，一の位から九九をする。
- くり上げた数，たしわすれない。

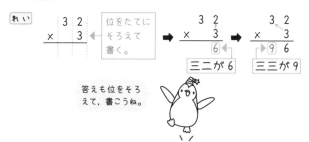

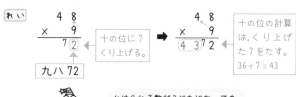

★今夜おぼえること

## 何十のわり算、10が何こで考える。

## 2けたの数のわり算、何十といくつに分けて計算。

## ★今夜のおさらい

**何十をわる計算は，10 が何こ あるかを考えて，わり算をします。**

れい　80÷4

80は10が 8 こと考える。

8÷4＝2

↓　↘

80÷4＝ 20 ←10が2こ

80円は10円玉だと8こだね。

**2けたの数をわる計算は，何十といくつに分けて，わり算をします。**

れい　36÷3

36を 30 と 6 に分ける。

30÷3＝10

6÷3＝ 2

10＋2＝12なので，

36÷3＝ 12

位《くらい》ごとに分けて計算するんだ！

### 寝る前にもう一度

- 何十のわり算，10が何こで考える。
- 2けたの数のわり算，何十といくつに分けて計算。

# 10. 小数

□ 月 日
□ 月 日

## ★ 今夜おぼえること

### 1を10等分《とうぶん》したら，0.1。

### 小数《しょうすう》の筆算《ひっさん》，上にそろえて答えの小数点《しょうすうてん》をうつ。

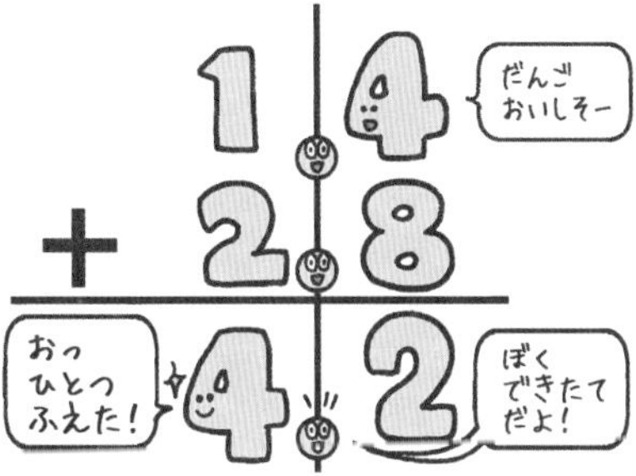

## ★今夜のおさらい

1を10等分《とうぶん》した1こ分の大きさは［0.1］です。

0.1や1.6のような数を［小数《しょうすう》］といい，「.」を［小数点《しょうすうてん》］といいます。

また，0，1，2，…のような数を［整数《せいすう》］といいます。

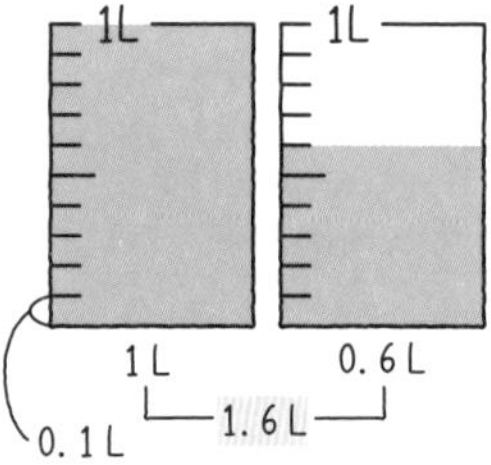


小数のたし算とひき算の筆算《ひっさん》は，位《くらい》をたてにそろえ，整数の筆算と同じように計算します。さいごに，上の小数点にそろえて答えの［小数点］をうちます。

れい　2.5+1.6

$$\begin{array}{r} 2.5 \\ +\ 1.6 \\ \hline \end{array} \Rightarrow \begin{array}{r} 2.5 \\ +\ 1.6 \\ \hline 4.1 \end{array}$$

ここにうつ

4.2−1.7

$$\begin{array}{r} 4.2 \\ -\ 1.7 \\ \hline \end{array} \Rightarrow \begin{array}{r} 4.2 \\ -\ 1.7 \\ \hline 2.5 \end{array}$$

ここにうつ

### 寝る前にもう一度

- 1を10等分したら，0.1。
- 小数の筆算，上にそろえて答えの小数点をうつ。

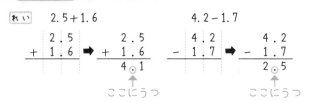

## ★今夜おぼえること

### 1kg《キログラム》は1000g《グラム》。

1000集《あつ》まったら
負けない！
1g 1g 1g 1g 1g
VS
1kg
ドーン

### 重《おも》さの計算，同じたんいの数どうしをたしたり，ひいたり。

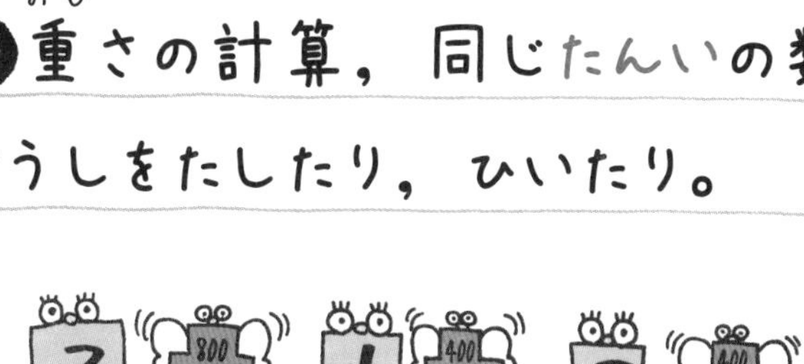
3kg 800g
−
1kg 400g
=
2kg 400g

## ★今夜のおさらい

重《おも》さのたんいには g《グラム》があります。

重いものをはかるときには，kg《キログラム》を使《つか》います。

1kg＝［1000］g

とても重いものの重さのたんいは t《トン》です。 1t＝［1000］kg

1円玉1この重さは，1gだよ。

重さのたし算やひき算は，kgどうし，gどうし，同じ［たんい］の数を計算します。

れい　800g＋500g

＝1300g ←［1000g＝1kg

＝［1］kg［300］g

3kg400g－1kg700g

＝［1］kg［700］g ←［3kg400g＝2kg1400g
2kg－1kg＝1kg
1400g－700g＝700g

### 寝る前にもう一度

- 1kgは1000g。
- 重さの計算，同じたんいの数どうしをたしたり，ひいたり。

## 12. 円と球

□ 月 日
□ 月 日

★今夜おぼえること

円《えん》の半径《はんけい》2倍《ばい》で直径《ちょっけい》。

まる池

球《きゅう》は，どこを切っても切り口は円。

ぼくはどこを切っても円! 君はどう?

## ★今夜のおさらい

1つの点から長さが同じになるようにかいたまるい形を，円《えん》といいます。

直径《ちょっけい》の長さは，半径《はんけい》の2倍《ばい》です。

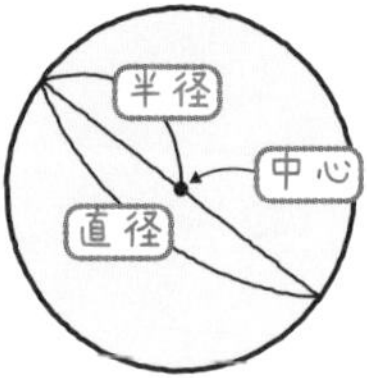


れい　●半径8cmの円の直径の長さは，16cmです。
　　　●直径14cmの円の半径の長さは，7cmです。

どこから見ても円に見える形を，球《きゅう》といいます。

球のどこを切っても，切り口は円で，半分に切ったときに，切り口の円はいちばん大きくなります。

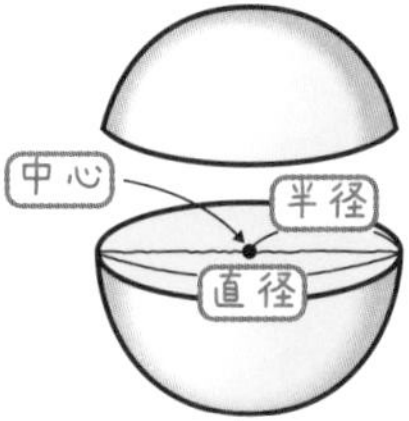


球の直径の長さは，半径の2倍です。

### 寝る前にもう一度

- 円の半径 2倍で直径。
- 球は，どこを切っても切り口は円。

□　月　日
□　月　日



## ★今夜おぼえること

### 分数《ぶんすう》は、下が分母《ぶんぼ》で上が分子《ぶんし》。

### 分数の計算、分母はそのまま、分子だけかえる。

## ★今夜のおさらい

🌟 1mを4等分《とうぶん》した1こ分の長さは $\frac{1}{4}$ mです。

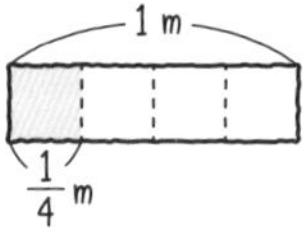


$\frac{1}{4}$ のような数を 分数《ぶんすう》 といい，4を 分母《ぶんぼ》，1を 分子《ぶんし》 といいます。

$\frac{1}{4}$ …分子
…分母

🌙 分数のたし算とひき算は，もとになる分数が何こ分かで考え，分母 の数はかえずに 分子 をたしたり，ひいたりします。

れい　$\frac{2}{9}+\frac{3}{9}=\frac{5}{9}$

↑ $\frac{1}{9}$ が(2＋3)こ分

$\frac{1}{9}$ をもとに考えるんだね！

$\frac{9}{10}-\frac{6}{10}=\frac{3}{10}$ ← $\frac{1}{10}$ が(9－6)こ分

### 寝る前にもう一度

- 🌟 分数は，下が分母で上が分子。
- 🌙 分数の計算，分母はそのまま，分子だけかえる。

★今夜おぼえること

## 2つの辺《へん》が等《ひと》しい、

## 二等辺三角形《にとうへんさんかくけい》。

## 3つの辺が等しい、

## 正三角形《せいさんかくけい》。

## ★今夜のおさらい

2つの辺《へん》の長さが等《ひと》しい三角形を，二等辺三角形《にとうへんさんかくけい》といいます。

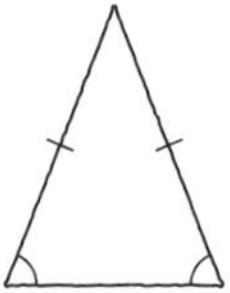

　二等辺三角形では，2つの角《かく》の大きさは等しいです。

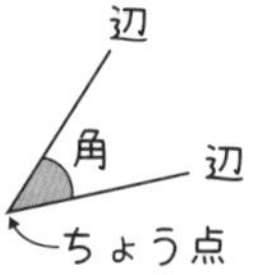


1つのちょう点からでている2つの辺がつくる形を，角といいます。

3つの辺の長さが等しい三角形を，正三角形《せいさんかくけい》といいます。

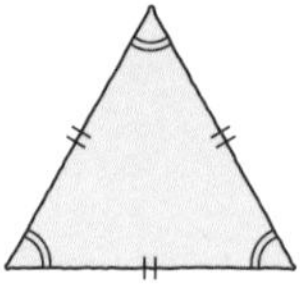

　正三角形では，3つの角の大きさは等しいです。

┼や╫の同じしるしは，辺の長さが等しいことを，∠や∠の同じしるしは，角の大きさが等しいことを，表《あらわ》してるよ。

### 寝る前にもう一度

- 2つの辺が等しい，二等辺三角形。
- 3つの辺が等しい，正三角形。

# 15. 表とグラフ

□ 月 日
□ 月 日



## ★今夜おぼえること

### ぼうの長さで大きさわかるぼうグラフ。

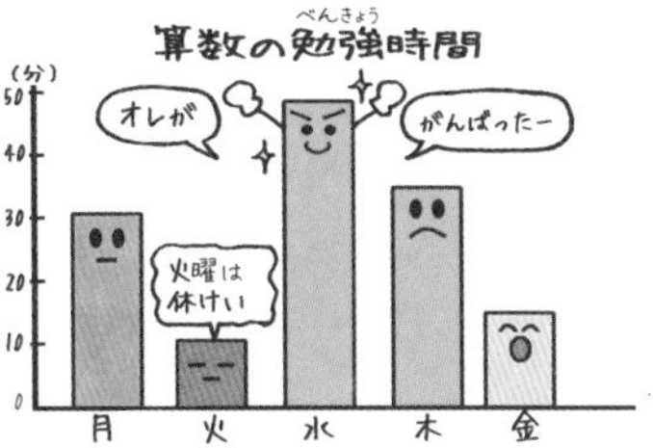
算数の勉強《べんきょう》時間
(分)
50
40
30
20
10
0
オレが
がんばったー
火曜は
休けい
月
火
水
木
金

### 合体してわかりやすくなるようくふうした表《ひょう》。

しゅるい 1組
すし 5
からあげ 3
カレーライス 7
その他 3
18
しゅるい 2組
すし 4
からあげ 5
カレーライス 6
その他 2
合計 17
3組
すし 6
からあげ 3
カレーライス 6
その他 3
合計 18

（人）

| しゅるい＼組 | 1組 | 2組 | 3組 | 合計 |
|---|---|---|---|---|
| すし | 5 | 4 | 6 | 15 |
| からあげ | 3 | 5 | 3 | 11 |
| カレーライス | 7 | 6 | 6 | 19 |
| その他《た》 | 3 | 2 | 3 | 8 |
| 合計 | 18 | 17 | 18 | 53 |

## ★今夜のおさらい

### ぼうの長さで大きさを表《あらわ》したのが、ぼうグラフです。何が多くて何が少ないかわかります。

れい

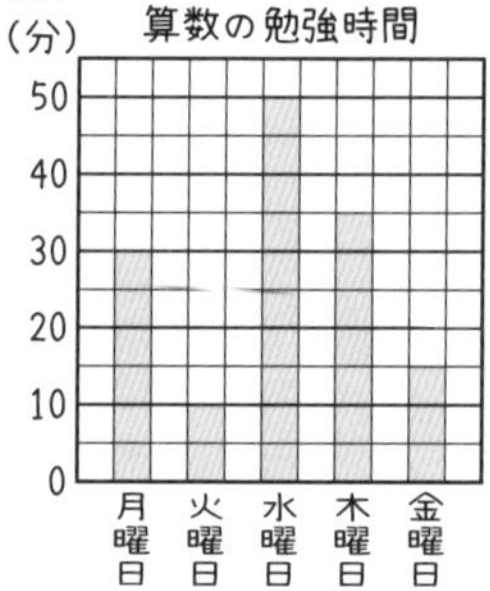


勉強《べんきょう》時間の多い少ないがわかります。水曜日は 50 分でいちばん多いです。

### 右の表《ひょう》は、組ごとにすきな食《た》べ物《もの》を調《しら》べた3つの表を1つにまとめた表です。全体のようすがわかります。

れい　3年生がすきな食べ物と人数（人）

| しゅるい＼組 | 1組 | 2組 | 3組 | 合計 |
|---|---|---|---|---|
| すし | 5 | 4 | 6 | 15 |
| からあげ | 3 | 5 | 3 | 11 |
| カレーライス | 7 | 6 | 6 | 19 |
| その他《た》 | 3 | 2 | 3 | 8 |
| 合計 | 18 | 17 | 18 | 53 |

すきな人がいちばん多い食べ物はカレーライスで 19 人。

合計を，たてにたしても，横《よこ》にたしても 53 だね。

### 寝る前にもう一度

- ぼうの長さで大きさわかるぼうグラフ。
- 合体してわかりやすくなるようくふうした表。

★今夜おぼえること

ゴロ合わせ「春になったぞ。そろそろめを

め

出すか」「そうしよう」

(子葉《しよう》)

ゴロ合わせ「ねぇ～」

根《ね》

「歯《は》ぐき、くさ～！」

(葉《は》)(くき)　(植物《しょくぶつ》)

## ★今夜のおさらい

たねをまくと，やがてめが出てきます。たねからはじめに出てくる葉《は》を 子葉《しよう》 といいます。

ホウセンカ

マリーゴールド

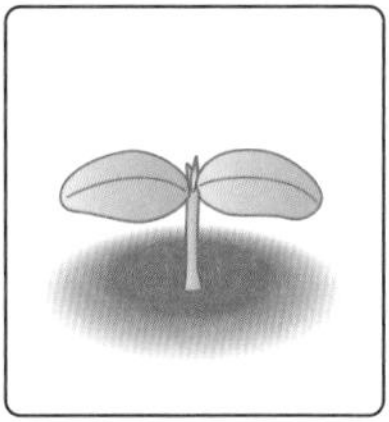

ヒマワリ

植物《しょくぶつ》の体は，根《ね》，くき，葉 からできています。

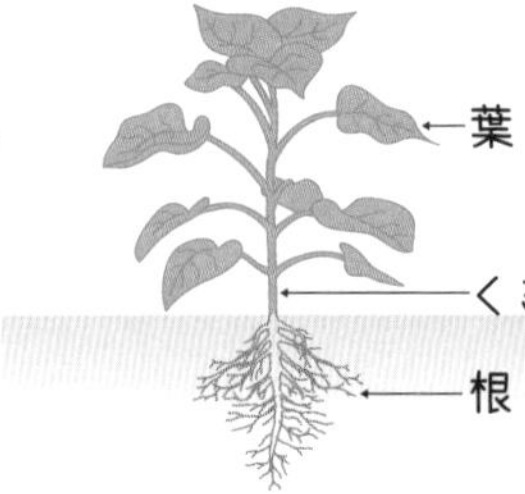


寝《ね》る前にもう一度《いちど》

「春になったぞ。そろそろめを出すか」「そうしよう」

「ねぇ～」「歯《は》ぐき，くさ～！」

## ★今夜おぼえること

ゴロ合わせ「花（花）が落《お》ちた！」

「だいじょうぶ。ミー（実《み》）がいるわよ〜ん」

ゴロ合わせ「実の中に、たねができタネ（たね）」

「そのあとは、かれタネ（かれた）」

## ★今夜のおさらい

☆植物《しょくぶつ》は，１つの たね から育《そだ》ち，花がさきます。花がさいたあとには， 実《み》 ができます。

☽植物の実《み》の中には， たね ができます。そして，たねをのこしてやがてかれていきます。

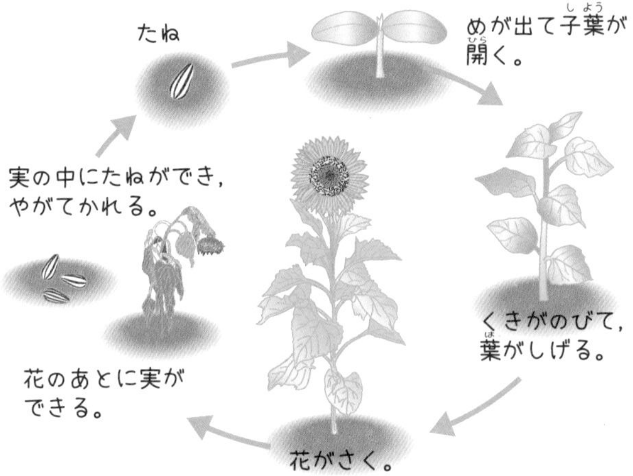
たね
めが出て子葉《しよう》が開《ひら》く。
くきがのびて，葉《は》がしげる。
花がさく。
花のあとに実ができる。
実の中にたねができ，やがてかれる。

実の中にできていたたねを次《つぎ》の年にまくと，またが出て，せい長していくね。

Zzz 寝《ね》る前にもう一度《いちど》

☆「花が落《お》ちた！」「だいじょうぶ。ミーがいるわよ～ん」

☽「実の中に，たねができタネ」「そのあとは，かれタネ」

## ★今夜おぼえること

「チョウのたまごを，ようさがせ！」
（たまご→）（よう虫→さなぎ→せい虫）

## こん虫の体は，頭・むね・はら。あし 6 本は，全部《ぜんぶ》むね！

クモは，あしが 8 本あるから，こん虫じゃないよ。

## ★今夜のおさらい

チョウは，たまご→よう虫→さなぎ→せい虫のじゅんに育《そだ》っていきます。

チョウのせい長

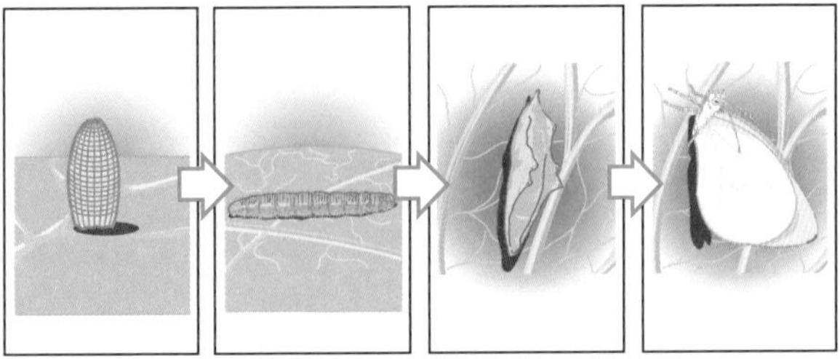

たまご　　よう虫　　さなぎ　　せい虫

チョウのせい虫の体は，頭・むね・はらからできています。［むね］には，［6］本のあしがついています。

　このような体のつくりをもった生きものを，［こん虫］といいます。

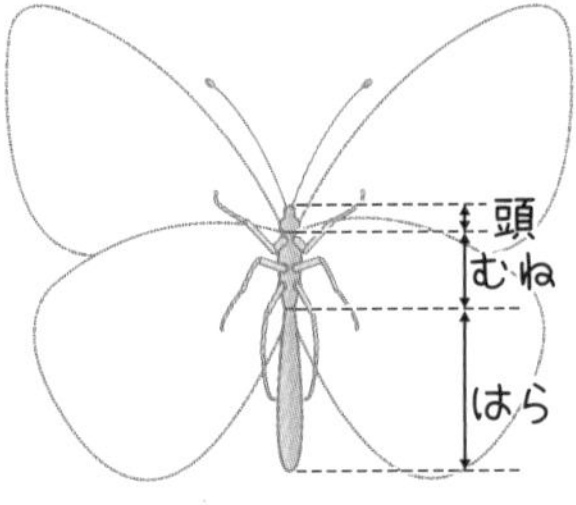


### 寝《ね》る前にもう一度《いちど》

「チョウのたまごを，ようさがせ！」

こん虫の体は，頭・むね・はら。あし6本は，全部《ぜんぶ》むね！

★今夜おぼえること

**ゴロ合わせ　バットのようせい。**

（バッタやトンボ）（よう虫→せい虫とせい長）

**こん虫だって，食べ物《もの》のそばがいい！　かくれるところもほしい！**

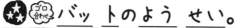

## ★今夜のおさらい

バッタやトンボなどは，たまご→よう虫→せい虫のじゅんにせい長します。さなぎにはなりません。

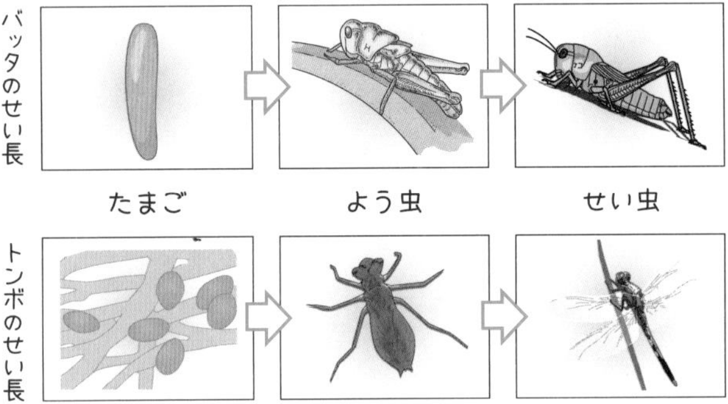
バッタのせい長
たまご
よう虫
せい虫
トンボのせい長

こん虫などの生きものは，食べ物《もの》や，かくれる場所《ばしょ》があるところをすみかにしています。

チョウのよう虫がキャベツ畑《ばたけ》にいるのは，どうしてだろう？

### 寝《ね》る前にもう一度《いちど》

- バットのようせい。
- こん虫だって，食べ物のそばがいい！　かくれるところもほしい！

## ★今夜おぼえること

ゴロ合わせ「太陽《たいよう》さん、ひみ（きみ）
（東→南→）
に会いに行く！」
（西）（動《うご》く）

## 太陽動けば、かげ動く。

## ★今夜のおさらい

太陽《たいよう》は，東からのぼり，南の空の高いところを通って，西にしずみます。太陽の光のことを日光《にっこう》といいます。

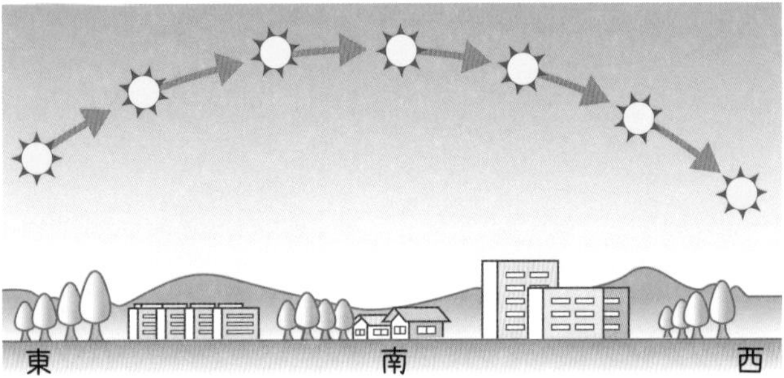


日光をさえぎる物《もの》があると，太陽とは反対《はんたい》がわにかげができます。太陽が動《うご》くと，かげも動きます。

寝《ね》る前にもう一度《いちど》

「太陽さん，ひみ（きみ）に会いに行く！」

太陽動けば，かげ動く。

★ 今夜おぼえること

🌟日光《にっこう》が当たると、「あったかいんだから～」

🌙温度計《おんどけい》、目もり読むときゃ、真横《まよこ》から。間だったら、近い方。

## ★今夜のおさらい

日なたの地面《じめん》は，日かげの地面よりも温《おん》度《ど》が 高く ， かわいて います。これは，日光《にっこう》が地面をあたためるからです。

温度計《おんどけい》を読むときには，目もりを 真横《まよこ》 から見るようにします。温度計のえきの先が目もりと目もりの間にあるときには， 近い 方の目もりを読みます。

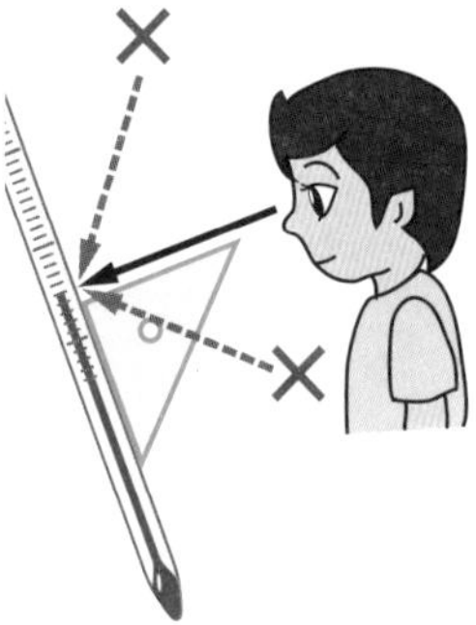

温度のたんいを書くときには，「 ℃ 」と書き，「 度《ど》 」と読みます。

寝《ね》る前にもう一度《いちど》

日光が当たると，「あったかいんだから～」

温度計，目もり読むときゃ，真横から。間だったら，近い方。

## ★今夜おぼえること

日光《にっこう》は，カクンッとはね返《かえ》り，ズバンッとまっすぐ進《すす》む。

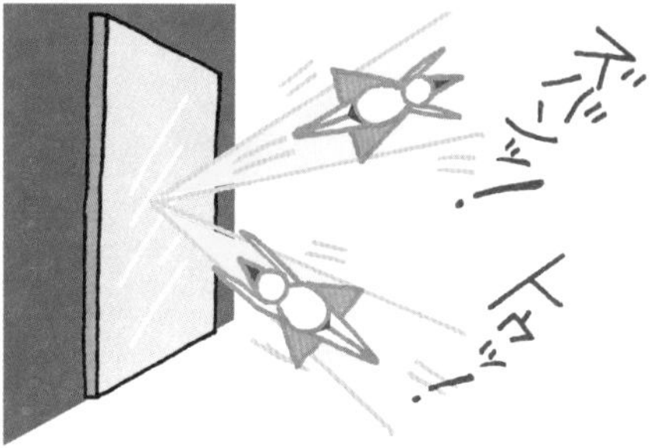


ふとんと日光は，重《かさ》ねるほどあったか〜い！

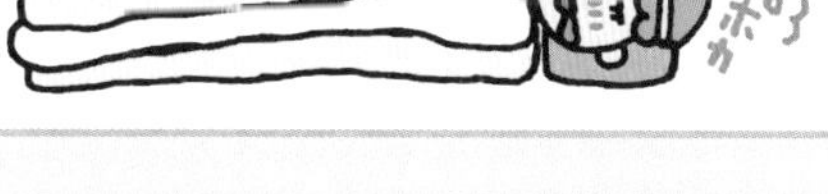

## ★今夜のおさらい

日光《にっこう》は，かがみではね返《かえ》すことができます。はね返された日光は，まっすぐ進《すす》みます。

はね返された日光が当たったところは，明るく，あたたかくなります。はね返した日光を重《かさ》ねると，さらに明るく，あたたかくなります。

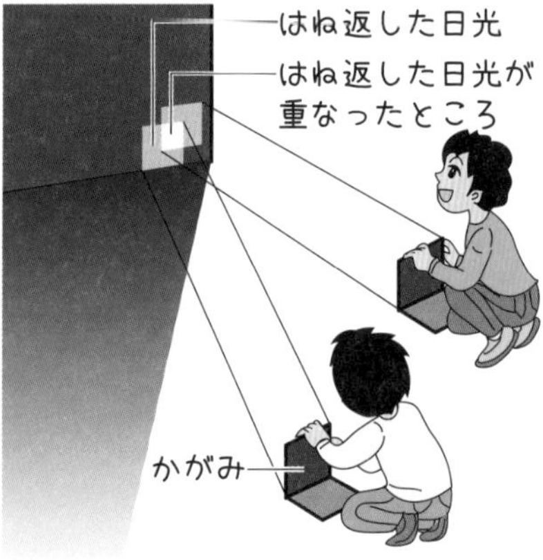


寝《ね》る前にもう一度《いちど》

日光は，カクンッとはね返り，ズバンッとまっすぐ進む。

ふとんと日光は，重ねるほどあったか～い！

★今夜おぼえること

✪虫めがねの光、小さくなるほど、
あちーっ！　ピカーッ！

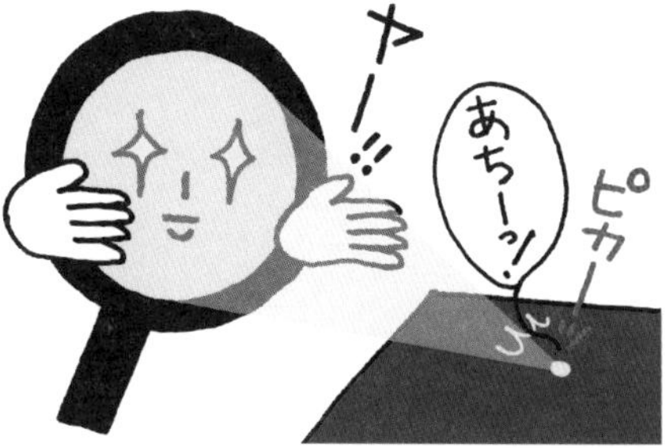


☽ぜったいダメ！　虫めがねで太《たい》
陽《よう》かんさつ。

## ★今夜のおさらい

**虫めがねで、日光《にっこう》を集《あつ》めることができます。**

虫めがねで日光を集めたところは、大きさが 小さく なるほど、明るく、あつくなります。

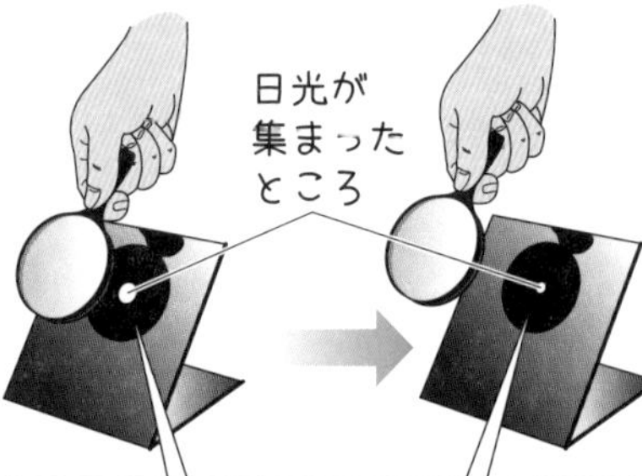


日光が集まったところが小さい方が，
・明るさが明るい
・温度《おんど》が高い

**ぜったいに、虫めがねで太陽《たいよう》を見てはいけません。**

太陽の光はとても強いので，目で直せつ見ただけでも目をいためてしまうよ。
虫めがねで見たら，目が見えなくなってしまうんだ。

### 寝《ね》る前にもう一度《いちど》

- 虫めがねの光，小さくなるほど，あちーっ！　ピカーッ！
- ぜったいダメ！　虫めがねで太陽かんさつ。

## ★今夜おぼえること

豆電球《まめでんきゅう》に明かりがつく電気の通り道は、かん電池（+《プラス》きょく）、豆電球、かん電池（−《マイナス》きょく）が、どう線でつながっている。

ゴロ合わせ「ワッ！」
（わのような電気の通り道）

「ピカーッ！　もう帰る！」
（豆電球に明かりがつく）（回路《かいろ》）

## ★今夜のおさらい

🌟豆電球《まめでんきゅう》に明かりがつくのは，かん電池の＋《プラス》きょく，豆電球，かん電池の−《マイナス》きょくが，どう線でつながれ，１つのわのような，電気の通り道ができたときです。

🌙電気の通り道のことを，**回路《かいろ》**といいます。

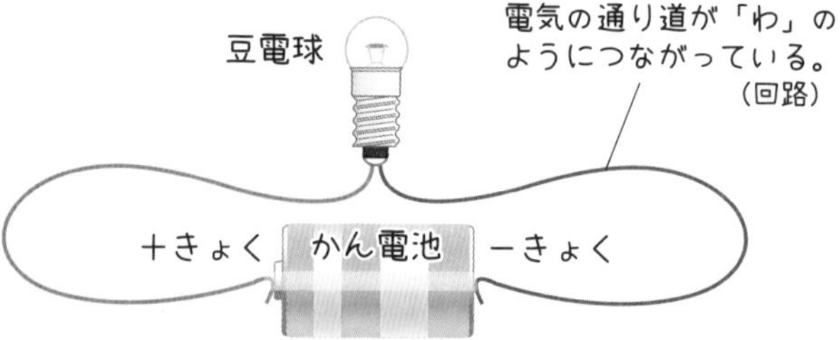
豆電球
電気の通り道が「わ」のようにつながっている。
(回路)
＋きょく
かん電池
−きょく

電気は，回路の中をぐるぐる回るんだね。

### 寝《ね》る前にもう一度《いちど》

🌟豆電球に明かりがつく電気の通り道は，かん電池（＋きょく），豆電球，かん電池（−きょく）が，どう線でつながっている。

🌙「ワッ！」「ピカーッ！　もう帰る！」

# 10. 電気を通すもの，通さないもの

□　月　日
□　月　日



## ★今夜おぼえること

🌟きんきん金《きん》ぞく，でんでん電気，通すよ通すよ，鉄《てつ》！　銅《どう》！

アルミ！
（アルミニウム）

🌙ゴロ合わせ 電気を通さない紙 モッ プ。
（紙）（木）（プラスチック）

★今夜のおさらい

鉄《てつ》や銅《どう》，アルミニウムなどは 金《きん》ぞく とよばれます。金ぞくには，電気を通すせいしつがあります。

プラスチックや木，紙などは，電気を通しません。

金ぞくの空きかんは，色をはがさないと，電気を通すことができないよ。

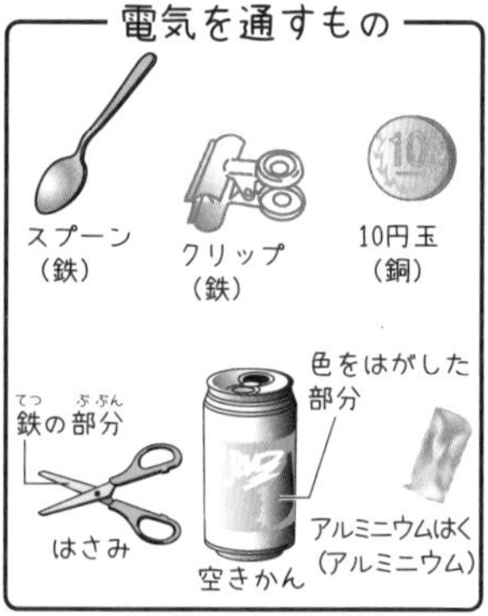
電気を通すもの
スプーン
（鉄）
クリップ
（鉄）
10円玉
（銅）
鉄《てつ》の部分《ぶぶん》
はさみ
色をはがした
部分
空きかん
アルミニウムはく
（アルミニウム）

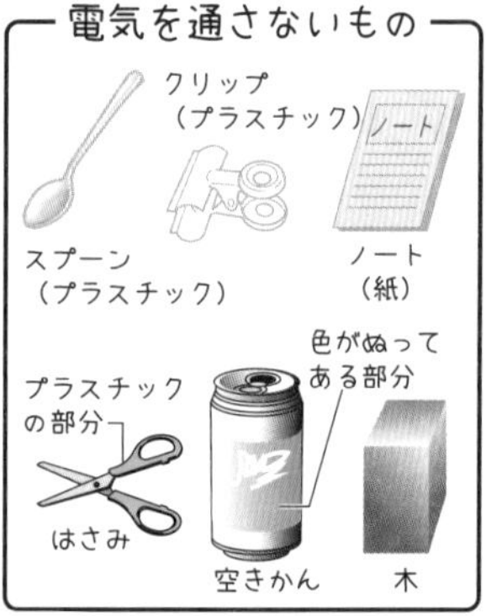
電気を通さないもの
クリップ
（プラスチック）
ノート
スプーン
（プラスチック）
ノート
（紙）
プラスチック
の部分
はさみ
色がぬって
ある部分
空きかん
木

寝《ね》る前にもう一度《いちど》

きんきん金ぞく，でんでん電気，通すよ通すよ，鉄！銅！　アルミ！

電気を通さない紙モップ。

# 11. じしゃくにつくもの

□　月　日
□　月　日

★今夜おぼえること

## じしゃくにつくのは、鉄《てつ》だけ！

## じしゃくの力は、間にものがあっても、間があいても、はたらく。

## ★今夜のおさらい

じしゃくは，鉄《てつ》でできているものを引きつけます。プラスチックや木，紙などは引きつけません。金ぞくでも，銅《どう》やアルミニウムなど，鉄いがいのものは引きつけません。

じしゃくにつくもの
空きかん
（鉄）
クリップ
（鉄）


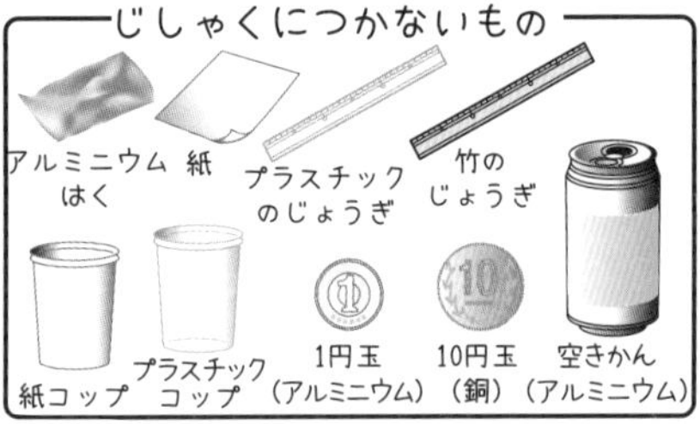

じしゃくにつかないもの
アルミニウムはく
紙
プラスチックのじょうぎ
竹のじょうぎ
紙コップ
プラスチックコップ
1円玉
（アルミニウム）
10円玉
（銅）
空きかん
（アルミニウム）


じしゃくの力は，じしゃくと鉄の間に，じしゃくが引きつけないものをはさんだり，間をあけたりしても はたらきます 。

寝《ね》る前にもう一度《いちど》

- じしゃくにつくのは，鉄だけ！
- じしゃくの力は，間にものがあっても，間があいても，はたらく。

# 12. じしゃくのきょく,じしゃくになる鉄《てつ》

□ 月 日
□ 月 日

## ★今夜おぼえること

**ちがうのは,すき!**

(ちがうきょくどうし)(引き合う)

**同じのは,きらい!**

(同じきょくどうし) (しりぞけ合う)

ゴロ合わせ **「にぎりっぺが来た〜!」**

(N《エヌ》きょく) (北)

**「先生,なんていうことを!」**

(S《エス》きょく) (南)

## ★今夜のおさらい

じしゃくにはN《エヌ》きょくとS《エス》きょくがあります。同じきょくどうしはしりぞけ合い，ちがうきょくどうしは引き合います。

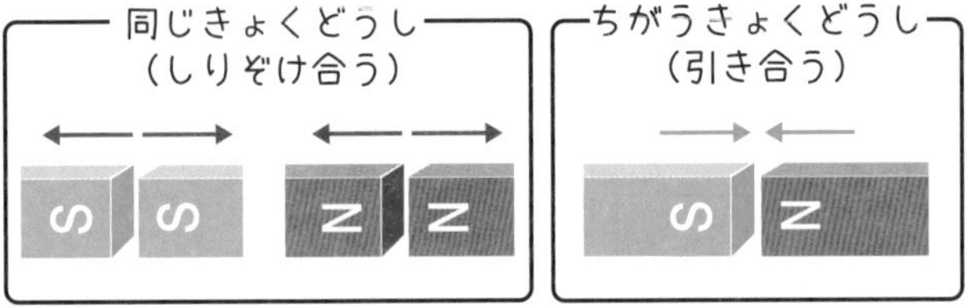


引き合うのはNきょくとSきょくだよ。

じしゃくを自由《じゆう》に動《うご》くようにすると，Nきょくが北をさし，Sきょくが南をさしてとまります。

じしゃくについた鉄《てつ》は，じしゃくになります。

寝《ね》る前にもう一度《いちど》

ちがうのは，すき！　同じのは，きらい！

「にぎりっぺが来た～！」「先生，なんていうことを！」

## ★今夜おぼえること

### ゴロ合わせ「強い風で、とばされた〜！」

「きょうふの、強風」
（力が強い）

### 引っぱられるほど、もとにもどりたがるゴム。

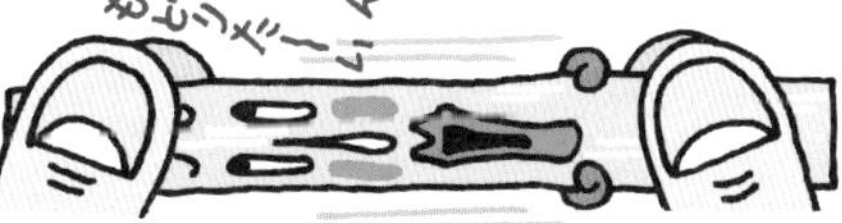

## ★今夜のおさらい

風には，ものを動《うご》かす力があります。風が強くなると，ものを動かす力も 強く（大きく） なります。

ゴムは，引っぱったり，ねじったりすると，もとにもどろうとします。このはたらきで，ものを動かすことができます。

ゴムを引っぱる長さを長くしたり，ゴムをねじる回数をふやしたり，ゴムの本数をふやしたりすると，ゴムの力は 強く（大きく） なります。

### 寝《ね》る前にもう一度《いちど》

- 「強い風で，とばされた～！」「きょうふの，強風」
- 引っぱられるほど，もとにもどりたがるゴム。

★今夜おぼえること

## 形かわれど、重《おも》さかわらず。

ねーっ
やーっ

## 重さくらべは、体積《たいせき》そろえて。

きみの方が軽いらしいよ
またまた

## ★今夜のおさらい

ものは，形やおき方がかわっても，重《おも》さはかわりません。

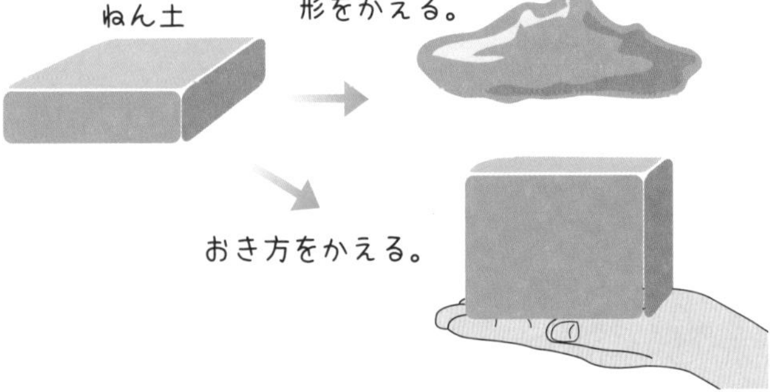
ねん土
形をかえる。
おき方をかえる。

ちがうしゅるいのものの重さをくらべるときには，体積《たいせき》を 同じ にしてくらべます。

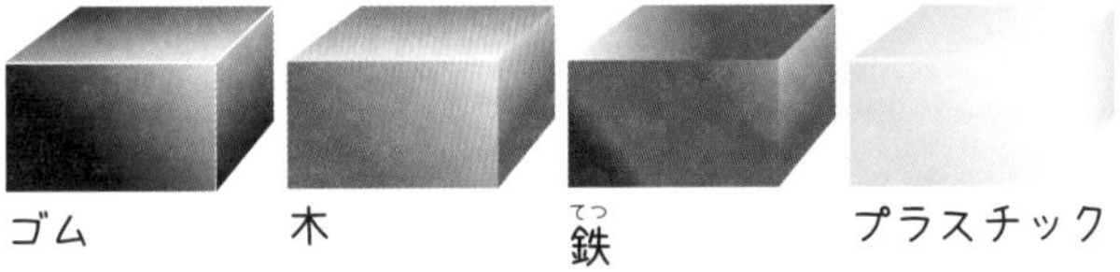
ゴム
木
鉄《てつ》
プラスチック

体積がちがうと，重さを調《しら》べても，
どちらが重いのかわからないよ。

### 寝《ね》る前にもう一度《いちど》

形かわれど，重さかわらず。

重さくらべは，体積そろえて。

★今夜おぼえること

## 音はふるえる。ふるえて、つたわる。

## 大きい音は、大きくふるえる。

## ★今夜のおさらい

🌟音が出るとき，音の出ているものは ふるえています 。音をつたえるものも ふるえています 。

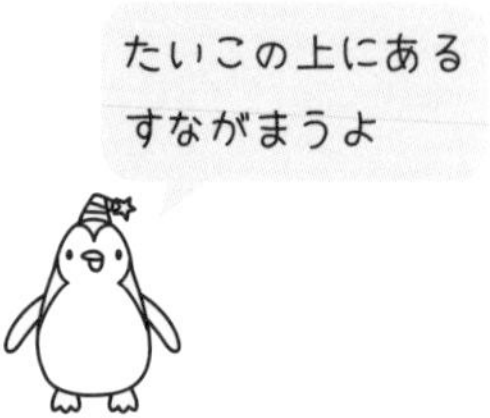
たいこの上にある
すながまうよ

🌙大きな音のときは，もののふるえ方も 大きく ，小さな音のときは，もののふるえ方も 小さく なります。

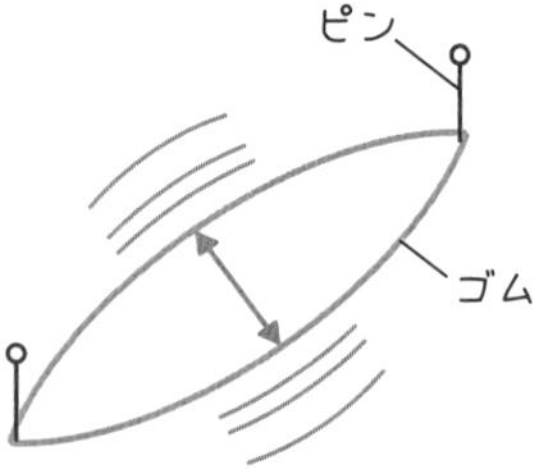
ピン
ゴム

音が大きい

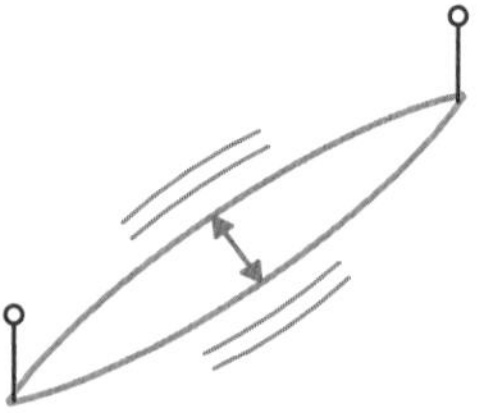

音が小さい

### 寝《ね》る前にもう一度《いちど》

- 音はふるえる。ふるえて，つたわる。
- 大きい音は，大きくふるえる。

★今夜おぼえること

# 地名調《しら》べは，はじめに地図帳《ちょう》のさくいんへGO《ゴー》！

# めざすは開《ひら》いたページのカタカナと数字の交差点《こうさてん》。

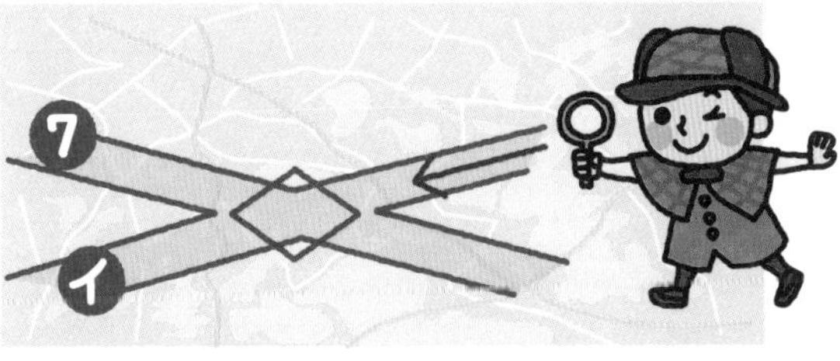


社会

## ★今夜のおさらい

ある地名の場所《ばしょ》を調《しら》べるときは，まず，地図帳《ちょう》の さくいん でその地名を見つけ，地名の横《よこ》に書いてあるページを開《ひら》きましょう。

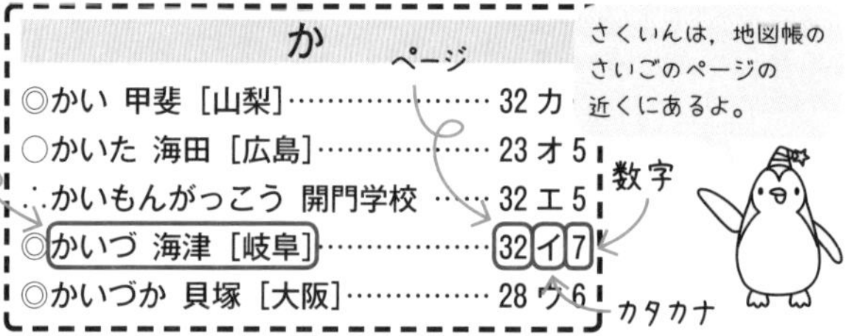
か
ページ
◎かい 甲斐［山梨］……………………32 カ
○かいた 海田［広島］…………………23 オ 5
∴かいもんがっこう 開門学校 ……32 エ 5
◎かいづ 海津［岐阜］…………………32 イ 7
◎かいづか 貝塚［大阪］………………28 ウ 6
地名
数字
カタカナ
さくいんは，地図帳の
さいごのページの
近くにあるよ。

開いたページで，さくいんにあった カタカナ と 数字 が ぶつかったマスの中に，調べている地名があります。

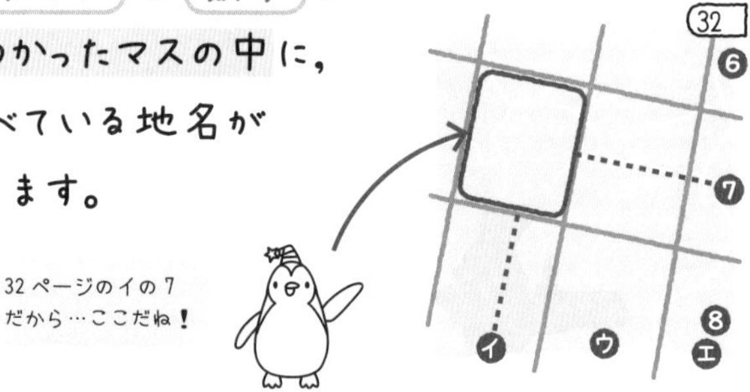
32
6
7
8
イ
ウ
エ
32 ページのイの 7
だから…ここだね！

### 寝る前にもう一度

- 地名調べは，はじめに地図帳のさくいんへ GO《ゴー》！
- めざすは開いたページのカタカナと数字の交差点《こうさてん》。

★今夜おぼえること

## 方《ほう》位《い》調《しら》べるじしんあり!

ゴロ合わせ　チーズが
(地図)
上に来たー!
(北)

社会

## ★今夜のおさらい

🌟 **方位《ほうい》じしん** は
方位を調《しら》べる道具《どうぐ》です。
「東西南北」と「北西《ほくせい》,
北東《ほくとう》, 南東《なんとう》, 南西《なんせい》」の
8つの方位を **8方位**
といいます。

色がついた
はりが北を
さします。
北
北西
北東
西
東
南西
南東
南

▲方位じしん

🌙 ふつう, 地図では上が **北** になります。
地図には, 方位がわかるように方位記号《きごう》を
かきます。

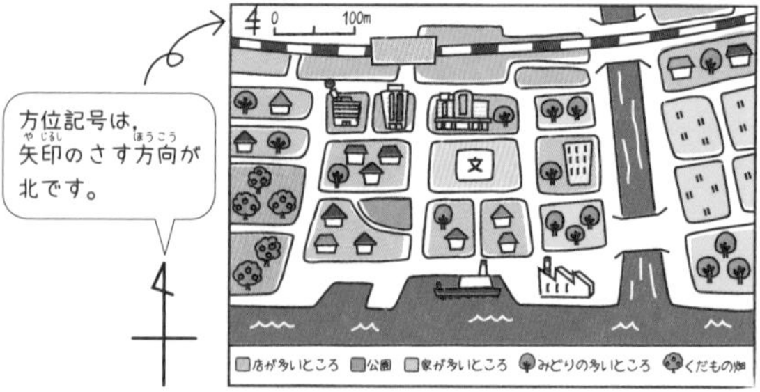

方位記号は、
矢印《やじるし》のさす方向《ほうこう》が
北です。
0
100m
文
店が多いところ
公園
家が多いところ
みどりの多いところ
くだもの畑


### 寝る前にもう一度

🌟 方位調べるじしんあり！
🌙 チーズ(地図)が上に来た(北)ー！

## ★今夜おぼえること

### 文書く学校，本読む図書館《かん》。

### 市《し》役《やく》所《しょ》でドーナツもらって

### 消《しょう》防《ぼう》士《し》さん「やったー！」

（消防しょ）

## ★今夜《こんや》のおさらい

たて物《もの》や土地の様子《ようす》は、地図記号《ちずきごう》で表《あらわ》します。学校は「文」という漢字《かんじ》が、図書館《かん》は本を開《ひら》いた形がもとになっています。

学校(小・中学校)
図書館
学校(高等《こうとう》学校)


市役所《しやくしょ》は、外がわが太い二重丸《にじゅうまる》です。消防《しょうぼう》しょは、昔《むかし》、使《つか》われた消防の道《どう》具《ぐ》の形です。

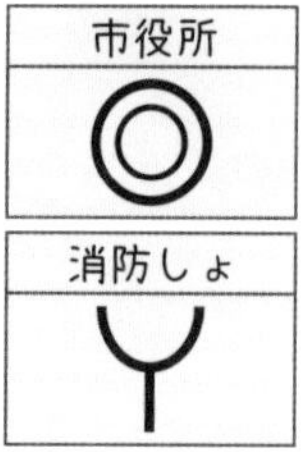

市役所
消防しょ

さすまた


### 寝る前にもう一度

- 文書く学校，本読む図書館。
- 市役所でドーナツもらって消防士(消防しょ)さん「やったー！」

★今夜おぼえること

## ゆうびん出して，病院《びょういん》へ急《いそ》げ！

（ゆうびん局《きょく》）

## ゴロ合わせ 鳥いる神社《じんじゃ》へ行ってらっしゃーい！

（鳥居《とりい》）　（寺）

## ★今夜《こんや》のおさらい

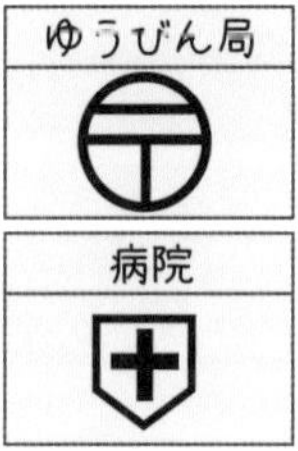


ゆうびん局《きょく》の地図記《き》号《ごう》は，ゆうびん局のマークから，病院《びょういん》は旧《きゅう》日本ぐんのえいせいたいのマークからつくられました。

昔《むかし》ゆうびんをあつかっていたのは「ていしんしょう」という役所《やくしょ》だったよ。その頭《かしら》文字の「テ」がマークになったんだ。

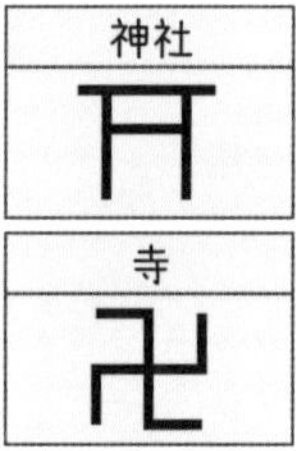


神社《じんじゃ》は，神社の入り口にある鳥《と》居《い》の形です。寺の地図記《き》号《ごう》の卍は，仏教《ぶっきょう》で使《つか》われるマークです。

### 寝る前にもう一度

- ゆうびん出して，病院へ急《いそ》げ！
  （ゆうびん局）
- 鳥いる神社へ行ってらっしゃーい！
  （鳥居）（寺）

□ 月 日
□ 月 日

## ★今夜おぼえること

### ゴロ合わせ 老人《ろうじん》つえでホームラン。

（老人ホーム）

### ゴロ合わせ 工場の歯車《はぐるま》が…発電《はつでん》したー！

（発電所《しょ》）

## ★今夜のおさらい

お年よりがくらす 老人《ろうじん》ホーム の地図記号《きごう》は、たて物《もの》とつえの形です。

老人ホーム

小中学生からぼしゅうしたデザインだよ。

工場 は、きかいの歯車《はぐるま》の形です。電気をつくっている 発電所《はつでんしょ》 は、歯車と電気回《かい》路《ろ》（電気を送《おく》る線）を表《あらわ》しています。

工場

発電所

### 寝る前にもう一度

- 老人つえでホームラン。
  (老人ホーム)
- 工場の歯車が…発電したー！
  (発電所)

★今夜おぼえること

## ゴロ合わせ 畑《はたけ》に出たふた葉《ば》，かりとった。

（田）

## 身近《みぢか》な交番をまとめるけいさつしょ。

## ★今夜のおさらい

田は，いねをかりとったあとの形です。畑《はたけ》は，「ふた葉《ば》」を表《あらわ》しています。

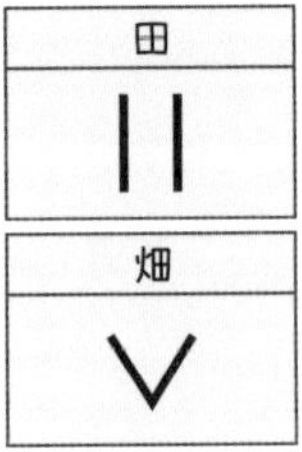

交番は，けいぼうを2本交《こう》差《さ》させた形です。この記《き》号《ごう》を丸でかこむと

けいさつしょ

になります。

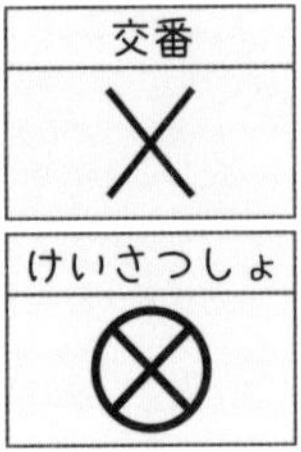

### 寝る前にもう一度

畑に出たふた葉，かりとった(田)。

身近な交番をまとめるけいさつしょ。

## 7. 地図記号⑤

□　月　日
□　月　日

### ★今夜おぼえること

ゴロ合わせ　シロの足あと，出っぱり型《がた》。

（城《しろ》あと）

鉄道《てつどう》で博物館《はくぶつかん》へ社会科見学。

## ★今夜のおさらい

★ 城《しろ》あと は、昔《むかし》、城が あったところです。城をつくるときのせっ計図（なわをはったようす）がもとになっています。

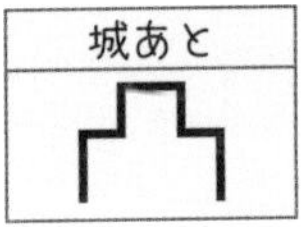
城あと

ぼくのなわばり～

● 鉄道《てつどう》 は、線路《せんろ》を上から見た形がもとになっています。

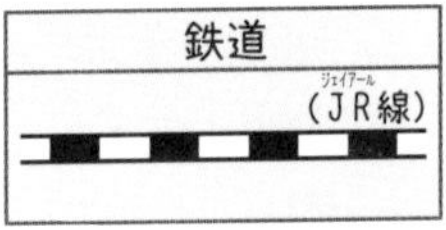
鉄道
（JR《ジェイアール》線）

博物館《はくぶつかん》 は、博物館 や美《び》じゅつ館《かん》のたて物《もの》の形を記《き》号《ごう》にしています。

博物館

東京《とうきょう》国立博物館の入り口がモデルだよ。

### 寝る前にもう一度

- ★ シロの足あと（城あと）、出っぱり型《がた》。
- ● 鉄道で博物館へ社会科見学。

## 8. 地図記号⑥

□　月　日
□　月　日

### ★今夜おぼえること

## かじゅ園にりんご，あれ地にざっ草。

## 木が集《あつ》まって森林に！

## ★今夜のおさらい

かじゅ園は，りんごやなしなどのくだものの実《み》の形です。あれ地は，ざっ草が生えている様子《ようす》を表《あらわ》しています。

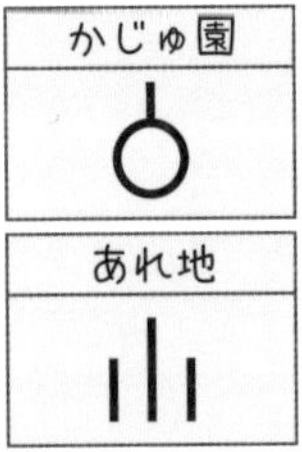
かじゅ園
あれ地

森林は木を横《よこ》から見た形です。○は広《こう》葉樹林《ようじゅりん》，△は針葉樹《しんようじゅ》林《りん》を表します。

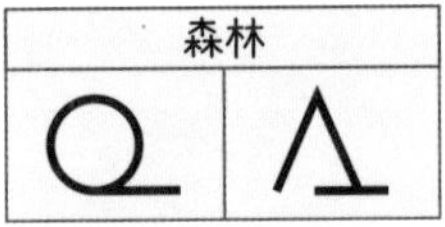
森林
（広葉樹林）（針葉樹林）

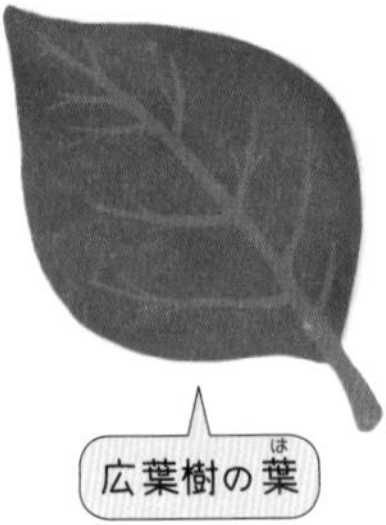
広葉樹の葉《は》

針葉樹の葉

### 寝る前にもう一度

かじゅ園にりんご，あれ地にざっ草。

木が集《あつ》まって森林に！

★今夜おぼえること

駅《えき》のまわりに道いっぱい。

道のまわりに店いっぱい。

ペットショップ→メガネ屋→パン屋→書店をまわってみよう
本
駅
駅
ペット
パン
メガネ
薬

うめ立て海岸《かいがん》まっすぐだ。

ザパーン!

社会

## ★今夜のおさらい

大きな駅《えき》のまわりには 鉄道《てつどう》 や 道路《どうろ》 がのびていて，人がたくさん集《あつ》まります。

まるえき
ドーナツ
マッサージ
ダンス


海をうめ立ててできた 海岸線《かいがんせん》 はまっすぐで，港《みなと》のまわりには工場が多くたてられます。

港と工場が
近いから，
すぐ運《はこ》べる！
海岸線が
まっすぐだと
船をとめやすい！


寝る前にもう一度

駅のまわりに道いっぱい。道のまわりに店いっぱい。

うめ立て海岸まっすぐだ。

★今夜おぼえること

## スーパーは，かんばんいっぱい，わかりやすい。

## スーパーの通《つう》路《ろ》広くてカートすいすい。

## ★今夜のおさらい

食料品《しょくりょうひん》や日用品《にちようひん》などたくさんの品物《しなもの》を売っているスーパーマーケットでは，商品《しょうひん》の売り場を かんばん でしめしています。

①米
②かんづめ
③かし
ツナかんどこかニャ

スーパーマーケットは 通路《つうろ》 が広いので，車いすやショッピングカートでも買い物がしやすくなっています。

寝る前にもう一度

スーパーは，かんばんいっぱい，わかりやすい。

スーパーの通路広くてカートすいすい。

# 11. スーパーマーケット②

□ 月 日
□ 月 日



## ★今夜おぼえること

### ゴロ合わせ スーパーにごみがきらいなサイが来る。

（リサイクル）

### 品物《しなもの》の産地《さんち》に注目《ちゅうもく》！

## ★今夜のおさらい

多くのスーパーマーケットでは、リサイクルコーナーをつくり ごみ をへらす取《と》り組みをしています。

食品《しょくひん》トレー
ペットボトル
牛にゅうパック

▶リサイクルコーナー

品物《しなもの》の 産地《さんち》 は、地元やほかの市や県《けん》、外国などさまざまです。

だんボールを見ても産地がわかるよ！
北海道《ほっかいどう》からきました
私たちは宮崎《みやざき》から～
ニュージーランドからきました
北海道にんじん
北海道にんじん
宮崎きゅうり
宮崎きゅう
ニュージーランドキウイ
ニュージーランドキウイ

### 寝る前にもう一度

- スーパーにごみがきらいなサイが来る。(リサイクル)
- 品物の産地に注目《ちゅうもく》！

## 12. 農家のくふう

□　月　日
□　月　日

★今夜おぼえること

### ビニールハウスは，1年中野菜《やさい》がつくれる！

### ゴロ合わせ　手作《さ》業《ぎょう》で市場へ送《おく》るのか。

（農家《のうか》）

★今夜のおさらい

冬でも温度《おんど》を一定《いってい》にたもつことができる ビニールハウス を利用《りよう》して，夏に育《そだ》つ野《や》菜《さい》を冬に育てています。

だから，1年中いちごのショートケーキが食べられるんだね！

しゅうかくした作物《さくもつ》は，農家《のうか》の人が 手作業《さぎょう》 でていねいに市場へ送《おく》り出します。この作業を 出荷《しゅっか》 といいます。

作物をいためないように，ていねいにあつかうよ。

寝る前にもう一度

- ビニールハウスは，1年中野菜がつくれる！
- 手作業で市場へ送るのか（農家）。

## ★今夜おぼえること

ゴロ合わせ 食品《しょくひん》たちよ，安心《あんしん》せい！

（食品工場）　　（安全《あんぜん》）（新せん）（えいせい）

ゴロ合わせ 工場のせい品はトラが配達《はいたつ》。

（トラック）

## ★今夜のおさらい

食品《しょくひん》をつくる工場では，新せんで安全《あんぜん》な原《げん》料《りょう》を使《つか》っています。はたらく人は［えいせい］面《めん》にはとくに気をつけています。

工場でつくられたせい品は，［トラック］で各地《かくち》のスーパーマーケットなどに送《おく》られます。

たく配《はい》びんで，直せつお客《きゃく》さんにとどけることもあるよ。

### 寝る前にもう一度

食品たちよ，安心せい！
(食品工場)　(安全)(新せん)(えいせい)

工場のせい品はトラが配達《はいたつ》。
(トラック)

★今夜おぼえること

## 火《か》事《じ》だ！ 119番。

## 通信指令室《つうしんしれいしつ》から出動《しゅつどう》指令。

## 地いきを守《まも》る消防団《しょうぼうだん》。

## ふだんはべつの顔。

## ★今夜のおさらい

119番の電話は通信指令室《つうしんしれいしつ》につながり，そこから消防《しょうぼう》しょのほか病院《びょういん》やけいさつしょなど，関係《かんけい》するところにれんらくがいきます。

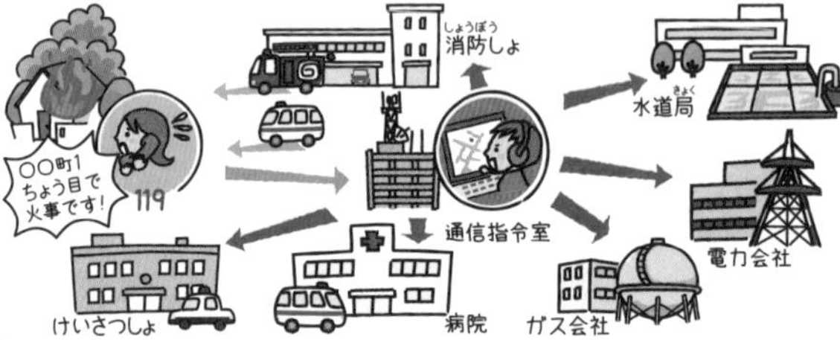


消防団《だん》の人は，ふだんはべつの仕事《しごと》をしています。火事がおこると消防しょの人たちと協力《きょうりょく》して消火や救助《きゅうじょ》にあたります。

消防団は地いきの人たちがつくる組織《そしき》。
「自分たちのまちは，自分たちで守《まも》る」が
合い言葉《ことば》だよ。

### 寝る前にもう一度

- 火事だ！　119番。通信指令室から出動《しゅつどう》指令。
- 地いきを守る消防団。ふだんはべつの顔。

# 15. くらしの安全②

□　月　日
□　月　日

★今夜おぼえること

## 事故《じこ》発生《はっせい》！

落《お》ち着《つ》いて，すぐに110番。

（通《つう》ほう）

110
けいさつ本部《ほんぶ》
110番
けいさつです。
事件《じけん》ですか？
事故ですか？
通信指令室《つうしんしれいしつ》

## こども110番の家，

地いきの協力《きょうりょく》で子どもを守《まも》る。

こども110番の家

## ★今夜のおさらい

けいさつしょの人 は、事故《じこ》や事件《じけん》をふせいで、地いきの安全《あんぜん》を守《まも》る仕事《しごと》をしています。

毎日のパトロール

交通の取《と》りしまり
止まりなさい

まちの安全を守るために、 地いき の人たちもけいさつしょに協力《きょうりょく》しています。

こども 110 番 の家や店は子どもの安全を守るためにつくられた場所《ばしょ》です。

地いきの安全な場所やあぶない場所を書き入れた「安全マップ」もつくられているよ。

### 寝る前にもう一度

- 事故発生《はっせい》！ 落《お》ち着《つ》いて、すぐに110番(通ほう)。
- こども110番の家、地いきの協力で子どもを守る。

## ★今夜おぼえること

### 市はかわる。

住《じゅう》たく・公共《こうきょう》しせつ・人がふえ，

田んぼに畑《はたけ》，森林へった。

### 昔のせんたく，いた（板）かった。

今はスイッチおすだけ。

## ★今夜のおさらい

市の様子《ようす》は，昔《むかし》と今でかわってきました。田や畑《はたけ》だったところが**住《じゅう》たく地**となり，**学校**や**図書館《かん》**などの公共《こうきょう》しせつもふえました。

公共しせつをつくったり，
運《うん》えいしたりするために，
住民《じゅうみん》から集《あつ》めた税金《ぜいきん》が
使《つか》われているんだ。


人々《ひとびと》のくらしの様子も，かわってきました。

昔，**せんたく**には，せんたく板《いた》とたらいを使っていました。

①たらいに水を入れ，
②せっけんをあらう物《もの》につけて，
③せんたく板のギザギザにこすりつけて，よごれを落《お》とすの。


### 寝る前にもう一度

- 市はかわる。住たく・公共しせつ・人がふえ，田んぼに畑，森林へった。
- 昔のせんたく，いた(板)かった。今はスイッチおすだけ。

## ★今夜のおさらい

俳句《はいく》とは、五・七・五の十七音《おん》で作られた、世界《せかい》でいちばん短《みじか》い詩《し》です。

俳句は、自然《しぜん》の美《うつく》しさや身近《みぢか》な出来事《できごと》、感動《かんどう》したことなどを表《あらわ》しているよ。

季語《きご》とは、春・夏・秋・冬のきせつを表す言葉《ことば》で、一つの俳句に一つだけ入れます。

たとえば、「さくら」は春、「ひまわり」は夏、「赤とんぼ」は秋、「みかん」は冬の季語だよ。

### 寝《ね》る前にもう一度《いちど》

五《ご》・七《しち》・五《ご》、十七音《じゅうしちおん》で俳句《はいく》だよ。

一《ひと》つだけきせつ表《あらわ》す季語《きご》入《い》れる。

## 23. 俳句《はいく》

□ 月 日
□ 月 日

**★今夜おぼえること**

五《ご》・七《しち》・五《ご》、
十七音《じゅうしちおん》で
俳句《はいく》だよ。

五
ふるいけや
七
かわずとびこむ
五
みずのおと


一《ひと》つだけ
きせつ表《あらわ》す
季語《きご》入《い》れる。

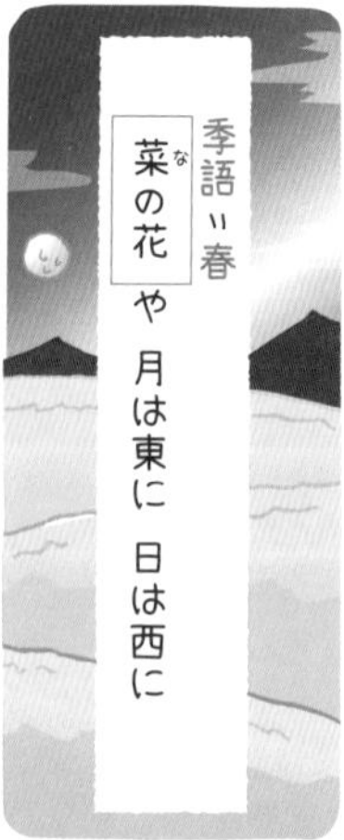

季語＝春
菜《な》の花や
月は東に
日は西に

## ★今夜のおさらい

★ 短歌《たんか》は、五・七・五・七・七の三十一音《おん》で作られた、短《みじか》い詩《し》です。

短歌は、一二〇〇年以上《いじょう》前からある詩の形式《けいしき》で、古い時代《じだい》の短歌のことを「和歌《わか》」とよぶことがあるよ。

☽ 前半の五・七・五を上《かみ》の句《く》、後半の七・七を下《しも》の句《く》といいます。

短歌の数え方は「一首《いっしゅ》」、「二首《にしゅ》」だよ。

### 寝《ね》る前にもう一度《いちど》

★ 短歌《たんか》は五《ご》・七《しち》・五《ご》・七《しち》・七《しち》、全部《ぜんぶ》で三《さん》十一音《じゅういちおん》。

☽ 上《かみ》の句《く》と下《しも》の句《く》の二《ふた》つに分《わ》けられる。

★今夜おぼえること

☆☆☆ 短歌《たんか》は
五《ご》・七《しち》・五《ご》・七《しち》・七《しち》、
全部《ぜんぶ》で三十一音《さんじゅういちおん》。

秋《あき》来《き》ぬと
五
目にはさやかに
七
見えねども
五
風の音にぞ
七
おどろかれぬる
七
風が秋っぽい〜

☽ 上《かみ》の句《く》と
下《しも》の句《く》の二《ふた》つに
分《わ》けられる。

上の句
五・七・五
はっ
七・七
下の句

月　日
月　日

国語

「いつ・どこで・だれに・どんな・何《なに》を・どのように」などに当たる言葉《ことば》が くわしくする 言葉です。

「白い」は「どんな」、「元気に」は「どのように」についてくわしく説《せっ》明《めい》しているよ。

寝《ね》る前にもう一度《いちど》

「白《しろ》い犬《いぬ》」「元気《げんき》に走《はし》る」、くわしくする言葉《ことば》。

---

くわしくする 言葉は、修飾語《しゅうしょくご》ともいいます。くわしくされる言葉は、くわしくする言葉の あと にきます。

ここでは、「発表《はっぴょう》！」と「曲を」がくわしくされる言葉だよ。

深夜《しんや》、公園《こうえん》で、なかまに 新《あたら》しい 曲《きょく》を発表《はっぴょう》！

## 21. くわしくする言葉《ことば》（修飾語《しゅうしょくご》）

月　日
月　日

### ★今夜おぼえること

☆「白《しろ》い犬《いぬ》」
「元気《げんき》に走《はし》る」、
くわしくする言葉《ことば》。

☾深夜《しんや》（いつ）、公園《こうえん》で（どこで）、
なかまに（だれに）新《あたら》しい（どんな）
曲《きょく》を（何《なに》を）発表《はっぴょう》！

★今夜のおさらい

「だれ(何)が」や「だれ(何)は」に当たる言《こと》葉《ば》を、主《しゅ》語《ご》といいます。

れい 鳥が鳴く。

「鳥が」は、「何が」に当たる主語だね。

---

「どうする」「どんなだ」「何だ」「ある(いる・ない)」に当たる言葉を、述《じゅつ》語《ご》といいます。

れい 鳥が鳴く。

「鳴く」は、「どうする」に当たる述語だね。

寝《ね》る前にもう一《いち》度《ど》

「だれが」「何《なに》は」は、主《しゅ》語《ご》だよ。

「どうする」「何《なん》だ」は、述《じゅつ》語《ご》だよ。

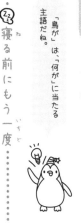

月　日　月　日

★今夜おぼえること

「だれが」「何《なに》は」は、主語《しゅご》だよ。

「どうする」「何《なん》だ」は、述語《じゅつご》だよ。

国語

「こ・そ・あ・ど」で始《はじ》まるこそあど言葉《ことば》は、物《もの》や場所《ばしょ》、方向《ほうこう》などを指《さ》します。

「これ・それ・あれ・どれ」の他《ほか》、「この・その・あの・どの」などもあり、これらは「指示語《しじご》」ともいうよ。

「ここ」は自分に近い場所《ばしょ》、「そこ」は相手《あいて》に近い場所、「あそこ」は両方《りょうほう》から遠い場所を指します。

「どこ」は、場所がわからない場合に使《つか》うよ。

寝《ね》る前にもう一度《いちど》

これそれあれどれこそあど言葉《ことば》。

ここは近《ちか》いが、あそこは遠《とお》い。

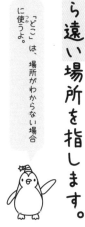

## 19. こそあど言葉《ことば》

月　日
月　日

★今夜おぼえること

これそれあれどれ
こそあど言葉《ことば》。

「これ」と「それ」と「あれ」をとって～
おねがい～～
はあ～？
「どれ」～～？

ここは近《ちか》いが、
あそこは遠《とお》い。

トイレ
あっちへ行って
う～～
あそこは遠い…。

## ★今夜のおさらい

☆ローマ字には、**二**とおりの書き方をする文字があります。

**れい**

ち…ti／chi
つ…tu／tsu
ふ…hu／fu
じ…zi／ji

教科書などのローマ字表《ひょう》で、たしかめておいてね。

---

●「じい」「ばあ」のように**のばす**音《おん》は、上に「**^**」をつけて表《あらわ》します。

**れい**

ojîsan
(おじいさん)
tôri
(通《とお》り)

「i」に「^」をつけないと、「ojisan(おじさん)」になるよ。

---

### 寝《ね》る前にもう一度《いちど》

☆「ti」と「chi」、どっちも同《おな》じ血《ち》！

●「ojîsan(おじいさん)」「obâsan(おばあさん)」のばす音《おん》には山《やま》(^)をつける！

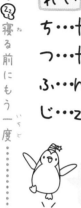

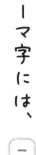

★今夜おぼえること

「ti」と「chi」、
どっちも同《おな》じ血《ち》！

「ojîsan」《おじいさん》「obâsan」《おばあさん》
のばす音《おん》には
山《やま》( ^ )をつける！

□□
月 月
日 日

## ★今夜のおさらい

★ ローマ字は、「A」から「Z」まで二十六文字あり、いろいろな日本語を表《あらわ》すことができます。

ローマ字には「A」と「a」のように、大文字と小文字があるよ。

☽「っ」とつまる音《おん》は、次《つぎ》に来る音のはじめの文字を重《かさ》ねて書きます。

れい

sippo
（しっぽ）

zassi
（ざっし）

「しっぽ」なら、「ぽ（po）」のはじめの文字「p」を二つ書くよ。

### 寝《ね》る前にもう一度《いちど》

★ 日本語《にほんご》は、ローマ字《じ》でも表《あらわ》せる。

☽ 「nekko（根《ね》っこ）」「ressya（列車《れっしゃ》）」
つまる音《おん》は二字《にじ》重《かさ》ねる！

★今夜おぼえること

日本語《にほんご》は、ローマ字《じ》でも表《あらわ》せる。

ローマ字
onigiri
ame
banana

（根《ね》っこ）　（列車《れっしゃ》）

「nekko」「ressya」

つまる音《おん》は

二《に》字《じ》重《かさ》ねる！

「nekko」

「ressya」
SS

月　日

月　日

## ★今夜のおさらい

★★★ 故事成語《こじせいご》は、中国《ちゅうごく》につたわる昔話《むかしばなし》(故事)などがもとになってできた、短《みじか》い言葉《ことば》です。

「矛盾《むじゅん》」「推敲《すいこう》」「蛇足《だそく》」など、今も使《つか》われているものがたくさんあるよ。

---

☽「多少のちがいはあっても、大きなちがいではない」という意味《いみ》の故事成語です。

「戦場《せんじょう》で五十歩にげた兵士《へいし》が百歩にげた兵士をわらった」という、中国の昔話がもとになっているよ。

### 寝《ね》る前にもう一度《いちど》

★★★ 中国《ちゅうごく》の昔話《むかしばなし》からできた故事成語《こじせいご》。

☽ にたりよったりの五十歩百歩《ごじっぽひゃっぽ》。

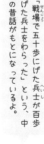

月 日
月 日

★今夜おぼえること

★★★ 中国《ちゅうごく》の昔話《むかしばなし》からできた故事成語《こじせいご》。

🌙 にたりよったりの五十歩百歩《ごじっぽひゃっぽ》。

ことわざは生活の中で言いつたえられてきた短《みじか》い言葉《ことば》で、リズムがよくおぼえやすいのがとくちょうです。

たくさんおぼえて、実《じっ》さいに使《つか》ってみよう。

「ちり（ほこり）のように小さなものでも、つみ重《かさ》なれば山のように大きくなるので、おろそかにしてはいけない」という意味《いみ》です。

ことわざには、たとえを使って教《おし》えをつたえているものが数多くあるよ。

寝《ね》る前にもう一度《いちど》

ことわざは、ちえと教《おし》えがつまっている。

小《ちい》さなことも大切《たいせつ》に、ちりもつもれば山《やま》となる。

★今夜おぼえること

□月 日
□月 日

ことわざは、ちえと教《おし》えがつまっている。

小《ちい》さなことも大切《たいせつ》に、ちりもつもれば山《やま》となる。

国語

## 今夜のおさらい

慣用句《かんようく》は、二つ以《い》上《じょう》の語が組み合わさって、あるとくべつな意味《いみ》をもつようになった言葉《ことば》です。

「うでがなる」「水に流《なが》す」「はねをのばす」などは慣用句だよ。

慣用句には、耳や頭、目、鼻《はな》、手、足などの体の一部《いちぶ》や、動物《どうぶつ》の名前が入ったものが多くあります。

「気が合う」という意味の、「馬が合う」という慣用句があるよ。

### 寝《ね》る前にもう一度《いちど》

慣用句《かんようく》とくべつな意味《いみ》をもつ言葉《ことば》だよ。

きびしいことを言《い》われて耳《みみ》がいたい。

慣用句《かんようく》
とくべつな意味《いみ》を
もつ言葉《ことば》だよ。

道草を食う
帰るよー!

きびしいことを
言《い》われて
耳《みみ》がいたい。

聞くのがつらい
何回言えばわかるんだー!!

月　日
月　日

## ★今夜のおさらい

☆国語辞典《じてん》の見出し語は、五十音順《じゅん》にならんでいます。

れい　あさい→えらい→おおい→おそい

「おおい」と「おそい」のように一文字目が同じ場合は、二文字目をくらべるよ。

☾清音《せいおん》（「゛」や「゜」のつかない音）→濁音《だくおん》（「゛」のつく音）→半《はん》濁音《だくおん》（「゜」のつく音）の順番《じゅんばん》です。

「ひざ」→「ビザ」→「ピザ」という順番だね。

### 寝《ね》る前にもう一度《いちど》

☆「あいうえお」、五十音順《ごじゅうおんじゅん》にのっているよ。

☾ホールでボールがポールに当《あ》たる。

★今夜おぼえること

□月　日
□月　日

「あいうえお」、五十音順《ごじゅうおんじゅん》にのっているよ。

ホールでボールがポールに当《あ》たる。

## ★今夜のおさらい

「手」には「はたらく人(手が足りない)」、「体の、かたからのびた部分《ぶぶん》(手をあげる)」などの意味《いみ》があります。

「なべの手」などというときの「手」は、「とびらや入れ物《もの》などのつかむ部分」という意味だよ。

「家」には「住《す》まい(家屋《かおく》)」、「それをせん門にしている人(画家)」、「一族《いちぞく》(一家)」などの意味があります。

一つの漢字《かんじ》にいろいろな意味があるんだね。

寝《ね》る前にもう一度《いちど》

手《て》が足《た》りない! ならば手《て》をあげ、立《りっ》こうほ。

広《ひろ》い家屋《かおく》に、画家《がか》の一家《いっか》が住《す》んでいるよ。

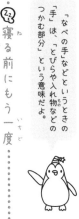

月　日　月　日

★今夜おぼえること

手《て》が足《た》りない！
ならば手《て》をあげ、
立《りっ》こうほ。

手が足りない。
ミルクがひっくりかえったぞーー
挙手《きょしゅ》
ボクやります～

広《ひろ》い家屋《かおく》に、
画家《がか》の一家《いっか》が
住《す》んでいるよ。

家屋
画家
一家

国語

## ★今夜のおさらい

漢字《かんじ》の左がわにある部首《ぶしゅ》をへんといいます。

れい　休・池・打・院

「亻」は「にんべん」、「氵」は「さんずい」、「扌」は「てへん」、「阝」は「こざとへん」というよ。

---

漢字の右がわにある部首をつくりといいます。

れい　列・都・頭・形

「刂」は「りっとう」、「阝」は「おおざと」、「頁」は「おおがい」、「彡」は「さんづくり」というよ。

---

寝《ね》る前にもう一度《いちど》

左《ひだり》がへん！

右《みぎ》で、つくりわらい。

## 11．へんとつくり（漢字《かんじ》の組み立て）

□月□日
□月□日

**★今夜おぼえること**

左《ひだり》がへん（□）！

右《みぎ》で、つくり（□）わらい。

国語

## ★今夜のおさらい

☆ 訓《くん》読みが同じで、意味《いみ》はちがう漢字《かんじ》を、同訓異字《どうくんいじ》といいます。

れい かわ…川・皮

「歯《は》」と「葉《は》」、「切《き》る」と「着《き》る」など、同訓異字の言葉《ことば》はたくさんあるね。

---

☾ 「円い」は円形に、「丸い」は球形《きゅうけい》に対《たい》して使《つか》う、意味がにている言葉です。

同訓異字は、「追《お》う」と「負《お》う」のように、意味が全《まった》くちがう言葉もあるよ。

---

寝《ね》る前にもう一度《いちど》

☆ 花《はな》のかおりに鼻息《はないき》あらくなる。

☾ 円《まる》い皿《さら》に、丸《まる》いまんじゅう。

## 10. 同じ読み方の漢字《かんじ》（同訓異字《どうくんいじ》）

月　日　月　日

### ★今夜おぼえること

花《はな》のかおりに
鼻息《はないき》あらくなる。

円《まる》い皿《さら》に、
丸《まる》いまんじゅう。

★今夜のおさらい

☆ 音《おん》読みが同じでも、意味《いみ》はちがう漢字《かんじ》を、同音異字《どうおんいじ》といいます。

れい カ…化・火・花

「カ」と読む漢字は、小三までに習《なら》う漢字だけでもたくさんあるね。

☾ 音読みが同じでも、意味はちがう漢字二字の言葉《ことば》もあります。

れい シメイ…指名・使命・氏名

読み方が同じでも、意味はぜんぜんちがう言葉だね。

寝《ね》る前にもう一度《いちど》

☆ 図書館《としょかん》で漢字《かんじ》の勉強《べんきょう》、感心《かんしん》だ。

☾ 記者《きしゃ》が、汽車《きしゃ》に乗《の》って帰社《きしゃ》。

月　日
月　日

★今夜おぼえること

図書館《としょかん》で
漢字《かんじ》の勉強《べんきょう》、
感心《かんしん》だ。

記者《きしゃ》が、汽車《きしゃ》に
乗《の》って帰社《きしゃ》。

## ★今夜のおさらい

★ 音《おん》読みは中国語《ちゅうごくご》の発音《はつおん》がもとになったもの、訓《くん》読みは和語《わご》（日本語の言葉《ことば》）を漢字《かんじ》に当てはめたものです。

🌙「絵（エ）」「駅（エキ）」「茶（チャ）」は、どれも音読みの漢字です。

これらの漢字は聞いただけで意味《いみ》がわかるけど、訓読みでなく音読みだよ！

### 寝《ね》る前にもう一度《いちど》

★ 音読《おんよ》みは中国語《ちゅうごくご》の発音《はつおん》、訓読《くんよ》みは和語《わご》を当《あ》てはめた。

🌙 絵（エ）～、駅（エキ）でお茶（チャ）!?

★今夜おぼえること

★★★ 音読《おんよ》みは中国語《ちゅうごくご》の発音《はつおん》、訓読《くんよ》みは和語《わご》を当《あ》てはめた。

☽ 絵（エ）～、駅（エキ）でお茶（チャ）!?

## 申

音 (シン)
訓 もうす

丨 冂 日 日 申

・申しこみ《もうしこみ》
・申しわけない《もうしわけない》
・申し分《もうしぶん》のない出来ばえ。

## 洋

音 ヨウ
訓 ―

丶 冫 氵 氵 氵 氵 洋

・洋服《ようふく》
・太平洋《たいへいよう》
・東洋《とうよう》の国々《くにぐに》。

「東洋」とは、日本・中国《ちゅうごく》・フィリピン・インドなどの国々のこと。反対《はんたい》の意味《いみ》の言葉《ことば》は「西洋」だよ。

寝《ね》る前にもう一度《いちど》

お日《ひ》様《さま》、くし(ー)ざし、申《もう》しわけない。

シロい羊《ひつじ》の毛《け》の洋服《ようふく》。

★今夜おぼえること

★★★ お日《ひ》様《さま》、くし(|)ざし、申《もう》しわけない。

☾ シロい羊《ひつじ》の毛《け》の洋服《ようふく》。

月　日
月　日

国語

## 笛

音 テキ
訓 ふえ

ノ ト ケ ケ ⺮ ⺮ 竺 竺 笛 笛 笛

・汽笛《きてき》
・横笛《よこぶえ》
・笛《ふえ》をふく。

「汽笛」とは、じょう気を使《つか》って鳴らす、汽車や汽船などの笛のことだよ。

## 福

音 フク
訓 ー

、 ラ ネ ネ 礻 礻 祁 祁 福 福 福 福 福

・福の神《ふくのかみ》
・福引き《ふくびき》
・福ぶくろ《ふくぶくろ》を買う。
・幸福《こうふく》

「福」は、「幸」と同じ「しあわせ」という意味《いみ》の漢字《かんじ》だよ。

### 寝《ね》る前にもう一度《いちど》

竹《たけ》で自由《じゆう》に笛《ふえ》作《つく》る。

ネエさん一口《ひとくち》、田《た》んぼでおやつ、幸福《こうふく》だ。

★今夜おぼえること

竹《たけ》で自由《じゆう》に
笛《ふえ》作《つく》る。

ネエさん一口《ひとくち》、
田《た》んぼでおやつ、
幸福《こうふく》だ。

月　日
月　日

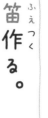

## 真

音 シン
訓 ま

一 十 𠂇 冇 冇 肓 直 直 真 真

・真実《しんじつ》　・写真《しゃしん》
・真夏《まなつ》　・真夜中《まよなか》
・真《ま》心《ごころ》をこめる。

「真心」とは、「うそのない、本当の心」という意味だよ。

## 打

音 ダ
訓 う(つ)

一 ナ 扌 扌 打

・打者《だしゃ》　・強打《きょうだ》
・打楽器《だがっき》
・くぎ打《う》ちをする。

「強打」とは、「強く打つ」という意味だよ。

寝《ね》る前にもう一度《いちど》

十人《じゅうにん》で目一《めいっ》ぱ(八)い写真《しゃしん》とる。

手《て》(扌)にとうふ 一丁《いっちょう》持《も》ち、打《う》て!
ホームラン。

★今夜おぼえること

十人《じゅうにん》で
目一《めいっ》ぱ（八）い
写真《しゃしん》とる。

手《て》（扌）にとうふ
一丁《いっちょう》持《も》ち、打《う》て！
ホームラン。

国語

月 日
月 日

## 宿

音 シュク
訓 やど　やどる　やどす

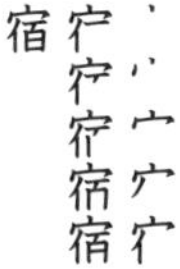

・宿題《しゅくだい》
・合宿《がっしゅく》
・古い宿《やど》。
・新しい命《いのち》を宿す《やどす》。

「宿す」とは、「心やおなかの中にもつ」という意味《いみ》だよ。

## 暑

音 ショ
訓 あつい

・暑中《しょちゅう》見まい
・暑がり《あつがり》
・暑苦しい《あつくるしい》服《ふく》そう。

「暑い」は気温《きおん》が高いことに対《たい》して使《つか》うよ。

寝《ね》る前にもう一度《いちど》

ウチは、人《ひと》(亻)が百人《ひゃくにん》とまれる宿《やど》よ。

お日様《ひさま》、何者《なにもの》!? 暑《あつ》すぎる。

★今夜おぼえること

□ 月 日
□ 月 日

ウチは、人《ひと》（亻）が百人《ひゃくにん》とまれる宿《やど》よ。

お日《ひ》様《さま》、何者《なにもの》!? 暑《あつ》すぎる。

## 主

音 シュ（ス）

訓 ぬし　おも

、 亠 亍 丰 主

・主人《しゅじん》

・主語《しゅご》

・地主《じぬし》

・かい主《かいぬし》

・主《おも》な話し相手《あいて》。

同じ部分をもつ「王」や「玉」と書きまちがえないようにしよう。

---

## 取

音 シュ

訓 とる

一 丅 F F E 耳 耴 取

・取材《しゅざい》記者《きしゃ》

・漢字《かんじ》の書《か》き取《と》り。

・商品《しょうひん》を手に取《と》る。

「取」の「耳」の部分《ぶぶん》の五画目は、六画目をつきぬけて書かないようにね。

---

寝《ね》る前にもう一度《いちど》

★ テン（丶）ポよくおどる王様《おうさま》、主人《しゅじん》です。

☽ 耳《みみ》すまし、ヌっと出《で》たぞ、取材記者《しゅざいきしゃ》。

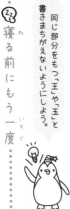

□ 月 日
□ 月 日

★今夜おぼえること

テン（、）ポよく
おどる王様《おうさま》、
主人《しゅじん》です。

耳《みみ》すまし、ヌっと
出《で》たぞ、
取材記者《しゅざいきしゃ》。

国語

# 湖

音 コ

訓 みずうみ

丶 冫 氵 汁 汁 沽 沽 湖 湖 湖 湖 湖

・湖はん《こはん》

・塩湖《えんこ》

・湖《みずうみ》のほとりでキャンプする。

「湖はん」と「湖のほとり」は、同じ意味《いみ》の言葉《ことば》だよ。

# 持

音 ジ

訓 もつ

一 † 扌 扌 扌 扗 扗 持 持

・持参《じさん》

・所持品《しょじひん》

・車の持ち主《もちぬし》。

・登場人物《とうじょうじんぶつ》の気持ち《きもち》。

同じ音読みで同じ部分《ぶぶん》をもつ「時」と区別《くべつ》しよう。

## 寝《ね》る前にもう一度《いちど》

★ シんみり古《ふる》い月《つき》がうつる湖《みずうみ》。

☽ 手《て》（扌）で、寺《てら》かかえる力《ちから》持《も》ち。

月　日

月　日

★今夜おぼえること

シんみり

古《ふる》い月《つき》がうつる湖《みずうみ》。

手《て》(扌)で、寺《てら》

かかえる力《ちから》持《も》ち。

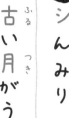

## ★今夜のおさらい

### 院

音 イン
訓 —

・院長《いんちょう》
・大学院《だいがくいん》
・美《び》よう院《いん》へ行く。
・病院《びょういん》
・寺院《じいん》

「退院」の反対《はんたい》の意味《いみ》の言葉《ことば》は、「入院」だね。

### 階

音 カイ
訓 —

・階《かい》だん
・上流《じょうりゅう》階級《かいきゅう》のくらし。
・二階《にかい》

「階」の「比」の部分は、左の「ヒ」と右の「ヒ」の形のちがいに注意《ちゅうい》しよう。

寝《ね》る前にもう一度《いちど》

はた（阝）ふりウキウキ、元気《げんき》に退院《たいいん》。

はた（阝）を持《も》ち、ヒーヒー白《しろ》い階《かい》だん上《のぼ》る。

1. おぼえておきたい漢字《かんじ》①

月　日

月　日

★今夜おぼえること

はた（阝）ふり

ウキウキ、

元気《げんき》に退《たい》院《いん》。

はた（阝）を持《も》ち、

ヒーヒー白《しろ》い

階《かい》だん上《のぼ》る。

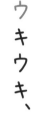

国語は
こちらがわから
始《はじ》まるよ！

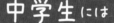

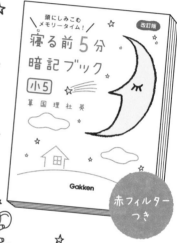

編集協力：西川かおり，株式会社装文社，入澤宣幸，八木佳子，鈴木瑞穂，長谷川千穂

表紙・本文デザイン：山本光徳
本文イラスト：山本光徳，みるパン，沼田健，まつながみか，さとうさなえ，
大橋里沙子，池田圭吾
DTP：株式会社明昌堂　データ管理コード：23-2031-2741（CC2018／2021）
図版：株式会社明昌堂，株式会社アート工房

※赤フィルターの材質はPETです。

◆この本は下記のように環境に配慮して製作しました。
・製版フィルムを使用しないCTP方式で印刷しました。
・環境に配慮して作られた紙を使用しています。

**寝る前5分 暗記ブック 小3**


⑦